Marcel Duchamp

Le interviste pomeridiane

Calvin Tomkins

Marcel Duchamp. Le interviste pomeridiane
Marcel Duchamp: The Afternoon Interviews
by Calvin Tomkins

© 2020 Postmedia Srl, Milano
© 2020 Dispositivo Duchamp, Marco Senaldi
The Italian translation is published by arrangement with Association
Marcel Duchamp and Badlands.
© Succession Marcel Duchamp © Calvin Tomkins
© 2013 Badlands Unlimited, New York

Il testo è stato trascritto e editato dalle registrazioni audio originali
con il permesso degli Archivi del MoMA, Calvin Tomkins Papers, V.2 e
V.3. The Museum of Modern Art Archives, New York.

Traduzione dall'inglese di Gianni Romano

In copertina: Gianfranco Baruchello, Marcel Duchamp nel primo
appartamento affittato a Cadaquès, 10-13 settembre 1963
Alexina and Marcel Duchamp Archives, Philadelphia Museum of
Art Archives, Philadelphia Museum of Art, Philadelphia.
Archivio Gianfranco Baruchello, Fondazione Baruchello, Roma

www.postmediabooks.it
isbn 9788874902682

Marcel Duchamp

Le interviste pomeridiane

Calvin Tomkins

postmedia ● *data*

Paul Chan: *Quando ha incontrato Duchamp la prima volta?*

Calvin Tomkins: La prima volta nel 1959. Lavoravo per
Newsweek magazine allora. In quel periodo il settimanale
non si occupava di arte. Ma occasionalmente – forse, due
o tre volte all'anno – c'era una storia sull'arte che secondo
gli editor avremmo dovuto coprire e quindi sceglievano un
giornalista da altri settori. All'epoca scrivevo di affari esteri.

Quindi Newsweek *ti mise sulle tracce di Duchamp.*

Esatto. Un giorno ricevo una telefonata e mi chiedono di
andare a intervistare Marcel Duchamp, che per me era un
perfetto sconosciuto dato che non sapevo niente di arte.
Probabilmente pensavo avesse avuto un bel passato. Sì, ne
avevo sentito parlare. La prima monografia su di lui e la
sua opera venne pubblicata nel 1959 a Parigi e New York
e il redattore di *Newsweek* mi aveva dato una copia del
libro, ma avevo solo un paio d'ore per darci un occhiata.
L'intervista era già stata organizzata al King Cole Bar del
St. Regis hotel, un punto di riferimento a New York. Sul
muro dietro il bancone c'era un enorme murale di....
aspetta... chi era l'artista?
Un americano molto famoso.

Parrish?

Maxfield Parrish. Un enorme murale di Parrish che
mostrava l'Old King Cole e la sua allegra parata di gente
che beveva e brindava e danzava. Era davvero kitsch.
Mi ricordo molto bene che mentre entravo intravidi
Duchamp. Ci sedemmo a un tavolo e accenando al
murale disse, "a me piace, a lei?". Pensai che stesse
scherzando e mi misi a ridere, ma poi capii che gli
piaceva davvero. Ecco la sorpresa iniziale: lui pensava
fosse un lavoro meraviglioso. Non credo avessi un
registratore allora, comunque... cominciammo a parlare,
io prendevo appunti.

Quale fu la sua prima impressione?

Mi sorprese davvero, e fui ben lieto che, nonostante le mie
domande fossero ottuse e ignoranti, in qualche modo lui
riusciva sempre a trasformare il discorso in qualcosa di
interessante. Aveva dei modi incantevoli. Era a suo agio con
se stesso, mi faceva sentire rilassato, e così chiunque fosse a
contatto con lui. Ricordo di avergli chiesto, "Visto che ha
smesso di fare arte, come trascorre il tempo?". E lui rispose,
"Oh, sono uno che respira, un *respirateur*, non basta?" E
invece mi chiese, "Perché la gente deve lavorare? Perché
la gente crede di dover lavorare?" Diceva di quanto fosse
importante respirare, vivere la propria vita con un tempo
diverso e una scala diversa dal modo in cui la maggior parte
di noi vive. Poi col passare del tempo appresi che non si
era fermato del tutto, ma che negli ultimi vent'anni aveva

lavorato segretamente a un ambiente grande quanto una
stanza che ora è esposta al Philadelphia Museum of Art.
Però allora non lo sapeva nessuno, tranne la moglie, Teeny.

Ma davvero prima di Duchamp lei non sapeva niente di arte?

Mi interessava. Avevo cominciato passando le pause
pranzo guardando le mostre al MoMA. Non è che
ignorassi del tutto. Al college avevo frequentato un
corso di storia dell'arte, sulla pittura del Rinascimento
italiano, e ne ero rimasto affascinato. Mio padre era un
uomo d'affari ma con tanti interessi. Negli anni Trenta
era diventato amico di un artista italiano, Peppino
Mangravite, viveva vicino a dove noi trascorrevamo
l'estate, negli Adirondack, e per questo motivo iniziò ad
acquistare non solo le opere di Mangravite, ma anche
quelle di altri artisti che si trovavano nella stessa galleria.
Non diventò mai un vero collezionista, ma comprò alcune
cose. Un Burchfield, ad esempio. In Europa comprò
un piccolo quadro di Marquet e un acquerello di Dufy.
Quindi, quando ero piccolo, c'era un po' di arte in
casa, ma non è mai stata una cosa davvero importante.
Certamente non avevo una vera conoscenza dell'arte.
Incontrare Duchamp per me è stato fondamentale, perché
ero talmente affascinato da lui che ho voluto subito
saperne di più su di lui, e così mi sono appassionato
all'arte contemporanea.

Quanto è durato il primo incontro?

Direi circa un'ora e mezza.

E dopo ha scritto il pezzo per Newsweek?

Venne pubblicato la settimana successiva. Un mio collega mi disse: "È un'intervista molto strana. Non ho mai letto un'intervista in cui il tipo non risponde a nessuna domanda". [ride]

Duchamp le ha mai detto cosa pensasse del pezzo?

No. Infatti, qualche tempo dopo, dovendo scrivere un profilo su di lui sul *New Yorker*, mi disse: "Oh, è stato fantastico, davvero divertente". Ma Teeny mi disse che non l'aveva mai letto, il che è possibile. [ride]

Dopo quel primo incontro, quando l'ha visto la volta successiva?

Probabilmente un paio d'anni dopo, perché dopo quell'intervista lasciai *Newsweek* per andare al *New Yorker*. Il primo articolo lungo che feci per loro fu un profilo di Jean Tinguely nel 1962. Era l'artista svizzero del movimento che aveva fatto un fantastico lavoro nel giardino del Museo d'Arte Moderna chiamato *Homage á New-York*[*]. Era un'enorme macchina il cui unico scopo era quello di autodistruggersi, cosa che fece con grande successo. Parlando con Tinguely, continuavo a sentire parlare di Duchamp. Duchamp è stata la prima persona che Tinguely ha incontrato quando è venuto in questo paese per realizzare il suo omaggio. E Duchamp si era

* Jean Tinguely, *Homage to New York : a self-contructing and self-destroying work of art*, MoMa, New York 17 marzo 1960

rivelato molto utile perché conosceva tutti al MoMA.
Era un vecchio amico di Alfred Barr e credo che sia stato
uno dei fattori chiave per la realizzazione di questa cosa.
Ho anche intervistato Bob Rauschenberg a proposito di
Tinguely, perché Tinguely gli aveva chiesto di contribuire
con qualcosa alla macchina in giardino. Il suo contributo fu
un distributore meccanico di denaro.

E cos'era?

Una molla sotto tensione che aveva dei dollari d'argento
incastrati tra le bobine, ad un certo punto, mentre la
macchina si autodistruggeva, si attivò una piccola carica
esplosiva che sganciò la molla così i dollari d'argento
schizzarono dappertutto.

Ne avremmo bisogno ora di uno di questi affari.

Vero. Comunque, Duchamp era un grande fan di
Rauschenberg, e Rauschenberg era diventato di recente un
grande ammiratore di Duchamp.

Rauschenberg e Duchamp erano amici?

Si erano incontrati nei primi anni Sessanta. Non sono
sicuro di come sia andata, ma so che Bob e Jasper Johns
andarono insieme al Philadelphia Museum, dove si trova la
maggior parte dei lavori importanti di Duchamp, e hanno
passato una giornata a guardare tutto, e questo è stato un
fatto di enorme importanza per entrambi. Duchamp non
aveva influenzato davvero Rauschenberg o Johns. Avevano
già sviluppato i loro stili personali, ognuno per conto suo.

Ma imparare a conoscere Duchamp per loro è stato molto incoraggiante, perché sembrava una conferma delle cose che stavano facendo. Vede, uscivano dall'Espressionismo astratto e trovavano molta affinità tra ciò che stavano facendo e ciò che aveva fatto Duchamp.

All'epoca cosa pensava del lavoro di Johns e Rauschenberg?

Ero diventato un loro ammiratore, in particolare e prima di tutto, di Rauschenberg. Scrissi un suo profilo sul *New Yorker* nel 1965, quindi passai molto tempo con lui. È in quel momento che ho davvero sviluppato un senso di ciò che accadeva nell'arte contemporanea: quel tipo di pensiero, quel tipo di libertà, quel genere di atteggiamento esplorativo, sperimentale. Invece il lavoro di Jasper Johns mi sembrava più misterioso ed ermetico. Riuscii a scrivere di lui solo molto tempo dopo.

Come è nato il suo libro The Bride and the Bachelors?

Quando iniziai a scrivere quella serie di profili sul *New Yorker* - non avevo capito che si trattasse di una serie - dopo aver scritto su Tinguely, Rauschenberg, John Cage e Duchamp. Lavorandoci capii che Duchamp era la figura chiave per gli altri tre. Erano tutti figli di Duchamp.

E Duchamp riconosceva quella paternità?

Non proprio. Gli piacevano e gli piaceva il loro lavoro, ma ha sempre respinto i discorsi sulla sua influenza. Diceva: "Alla gente piace dirlo, ma non ho la sensazione di aver influenzato qualcuno".

Com'è stata l'esperienza con Duchamp quando ha scritto il suo profilo sul New Yorker?

Ricordo sempre la stessa facilità in tutti i miei rapporti con lui. Come ho detto, qualsiasi cosa gli chiedessi, per lui diventava una domanda molto interessante. Non era mai sprezzante o impaziente. Aveva questo spirito tremendamente giovanile. Non ricordo esattamente quando, ma una volta mi disse: "Devi ricordare che ho dieci anni di più della maggior parte dei giovani". È proprio così che lo vedevo: uno sempre curioso ed eternamente giovane.

Lei ha intervistato e scritto su molti artisti sul New Yorker. *Mi chiedo se per lei la sensibilità di Duchamp sia una cosa rara tra gli artisti.*

Oh, assolutamente. Non ho mai trovato una tale facilità con nessun altro. Con Rauschenberg c'è stato un rapporto immediato, era molto facile parlare con lui. Ma non ho mai trovato qualcuno che fosse meno appesantito dall'ego quanto lo era Duchamp.

E da dove pensa provenisse quella facilità?

Mi sono spesso chiesto se fosse sempre stato così, e credo che la risposta sia no. Quando ho lavorato per nove anni alla sua biografia scoprii che negli anni precedenti era stato molto diverso. Aveva ritirato il suo *Nu descendant un escalier* dalla mostra degli Indipendenti del 1912 a Parigi perché il soggetto offendeva i suoi compagni cubisti - i suoi fratelli andarono a chiedergli di cambiare il titolo - e quell'esperienza lo aveva lasciato con un sentimento di rifiuto e di amarezza che si era protratto a lungo. Era un solitario, uno che rifiutava di partecipare a cose che altri artisti facevano, e credo che questo abbia rafforzato il suo bisogno di completa indipendenza. Nel 1913 ebbe un enorme successo con il *Nudo che scende le scale* quando apparve all'Armory Show di New York. Per un certo periodo fu il dipinto più famoso in America. Ma dopo circa un anno di piccola celebrità a New York, lui andò in una direzione completamente diversa, credo che sentisse che non c'era un futuro particolare per lui nel mondo dell'arte. C'è stato un lungo periodo - forse trent'anni - in cui ha operato ai margini di quel mondo ma, volutamente, senza farne parte. Non voleva farne parte. Non voleva essere associato ai dadaisti, anche se per molti versi erano vicini alle sue idee. I surrealisti, in particolare André Breton, lo idolatravano, ma lui si teneva sempre a distanza da loro. Per molto tempo si è sentito isolato, si è isolato da solo, e ha avuto un grande disprezzo per la monetizzazione dell'arte nel suo complesso. Non voleva stare al gioco.

Crede che questa solitudine lo abbia portato a diventare più se stesso?

Beh, gli sono successe diverse cose quando è tornato a vivere stabilmente a New York, durante la seconda guerra mondiale. Si innamorò profondamente di una donna sposata di nome Maria Martins. Era la moglie dell'ambasciatore brasiliano a Washington, ma era anche un'artista, una scultrice che aveva studiato con Lipchitz a New York. Conosceva molti artisti, aveva rapporti con Lipchitz, credo con Mondrian e pochi altri.

Impegnata.

Molto. Lei e Duchamp si sono incontrati e innamorati.
Lei era sempre riuscita a non innamorarsi degli uomini
che aveva affascinato, ma questa volta si era davvero
innamorata, e anche lui. Anche per lui si trattava di
un'esperienza nuova. Ma non è finita bene, perché dopo
qualche anno suo marito venne trasferito a Parigi, e lei
scelse di seguirlo. Duchamp cercò disperatamente di farla
rimanere a vivere con lui. Ma lei non voleva lasciare il
marito o i figli, e quindi la relazione finì. Poi, poco dopo,
nel 1951, incontrò Teeny Matisse, la moglie di Pierre
Matisse. Avevano appena divorziato. Duchamp e Teeny si
innamorarono e alla fine si sposarono. La sua vita cambiò
davvero. Divenne molto più confortevole.

Dopo Teeny?

Sì, dopo Teeny. Guardi, Marcel non ha mai avuto soldi.
Una delle cose che sapeva fare era vivere praticamente
di niente. Neanche Teeny aveva tanti soldi, ma aveva
parecchia arte da vendere. E la vita di Marcel così divenne
più comoda e molto più felice.

Com'era Teeny?

Deliziosa, una donna adorabile. Veniva da Cincinnati e
aveva studiato arte a Parigi. La gente diceva che quando
era sposata con Pierre Matisse era un po' in secondo piano,
perché Pierre voleva sempre stare al centro dell'attenzione.
Ma liberandosi di lui e sposando Duchamp la sua
personalità è cambiata. Divenne molto, molto popolare

tra gente di tutti i tipi. Era semplicemente irresistibile.
Aveva anche lei uno spirito molto giovane. È stata davvero
un'unione meravigliosa. E credo che proprio per questo
motivo Duchamp sia cambiato. È diventato molto più
facile per se stesso, meno distaccato e isolato.

Ha frequentato sia Teeny che Duchamp?

Andavo spesso a cena a casa loro, e lui e Teeny venivano a
pranzo da me a Snedens Landing, un posto dove abitavo
con la moglie precedente. È lì che è stata scattata la foto che
lo ritrae con John Cage, dopo pranzo a casa nostra.

*E a questo punto per lei non è più un soggetto, diventa un
amico.*

Esatto.

E, in quanto amici, di cosa parlavate?

Non di arte. Non gli è mai piaciuto parlare di arte, però
parlava di cose che accadevano nel mondo dell'arte, tipo
gli *happening*. In realtà ogni tanto andava a vedere degli
happening e pensava che fossero fantastici. Diceva che
siccome il teatro lo aveva sempre annoiato, pensava che
anche gli *happening* dovessero essere noiosi e invece li
trovava molto divertenti.

Ma era interessato a quello che succedeva nel mondo?

Non so quanto profondamente si interessasse agli affari
esteri, ma parlava di quello che succedeva nei notiziari, di
libri e cose del genere. Anche se non leggeva molto.

Questo è quello che diceva lui.

In gioventù, quando lavorava alla Bibliothèque Nationale, credo abbia letto molto. Ma quella è stata l'unica volta nella sua vita in cui l'ha fatto. Duchamp era una di quelle persone che sapeva cogliere le cose al volo. Riusciva a percepire le idee che stavano emergendo, le nuove tendenze. Per esempio, era molto interessato a Warhol.

Perché?

Pensava solo che quello che stava facendo Warhol fosse molto originale, deve aver sentito che aveva una certa affinità con quello che aveva fatto. Diceva: "La cosa interessante non è che qualcuno voglia dipingere ventisette barattoli di zuppa. Ciò che è interessante è la mente che vuole dipingere ventisette barattoli di zuppa". Credo che stesse arrivando a una conclusione.

A quale conclusione sarebbe arrivato?

L'arrivo dell'arte concettuale. Fin dall'inizio delle nostre conversazioni, Duchamp parlava sempre di come voleva rimettere l'arte al servizio della mente. Nel Rinascimento, l'arte era stata quella che Leonardo definiva una *cosa mentale*. Ma poi gradualmente era diventata quella che Duchamp descriveva come arte retinica: qualcosa che piaceva all'occhio, e solo all'occhio. Sentiva che il periodo impressionista era del tutto retinico, e così gli espressionisti astratti.

Le sue riflessioni sul lavoro di Duchamp sono cambiate nel tempo?

Naturalmente, il mio pensiero è cambiato continuamente. Quando lavoravo al suo profilo ho letto molto sul movimento Dada, e ho potuto anche intervistare alcuni ex dadaisti. Ho anche dovuto imparare a conoscere il Surrealismo. Raccoglievo informazioni mentre andavo avanti. Ma fin dall'inizio c'era qualcosa che mi piaceva molto dell'atteggiamento di Duchamp e quel suo senso dell'umorismo. Il periodo precedente, il periodo espressionista astratto, era stato molto carente di umorismo.

Non si scherzava?

Per niente. Si prendevano molto, molto sul serio. La retorica che circondava quel movimento era stupefacente. Il genere di cose tipo "Siamo soli nel deserto...". Avevano questo concetto eroico di se stessi neanche fossero...

Martiri?

Dei martiri, sì. E in quel periodo mi stavo interessando all'arte, c'erano Rauschenberg e Johns, e poi la Pop art, la Minimal art, la pittura *color-field*, poi i primi esperimenti con il video e il cinema. L'atteggiamento era quello del "tutto può succedere". Gli anni Sessanta sono stati un periodo molto emozionante, ogni settimana si sentiva che c'era qualcosa di nuovo. E diventava sempre più evidente che tutto quello che succedeva era legato a Duchamp.

*Come avrebbe considerato la compagnia di artisti giovani che
volevano stargli vicino, come Johns e Rauschenberg? Sarebbe
stato con loro?*

Ho fatto questa domanda a entrambi, e mi hanno risposto
chiaramente di non aver passato molto tempo con lui.
C'era sempre questa sensazione di avere a che fare con
una figura divina, che si dovesse rispettare il suo tempo.
Per anni, John Cage, che lo aveva incontrato la prima
volta negli anni Quaranta a New York, era talmente in
soggezione nei confronti di Duchamp che diceva di non
volergli far perdere tempo. Poi però negli anni Sessanta,
John superò la cosa e chiese a Marcel di dargli lezioni di
scacchi. Marcel accettò. E, naturalmente, non fu Marcel a
dare le lezioni. Era Teeny! Marcel ogni tanto li guardava e
diceva: "Giocate molto male". [ride]

Quando decise di scrivere la biografia di Duchamp?

Il libro è uscito nel 1996. Ma sa che c'era un'opera
biografica precedente?

Il Time-Life book?

Giusto. All'incirca un anno dopo che il mio articolo
apparve sul *New Yorker*, i redattori di *Time-Life* stavano
lavorando alla Time-Life Library of Art, in molti
volumi. Il primo era su Leonardo da Vinci. Il secondo
era su Michelangelo, il terzo su Delacroix, e il quarto su
Duchamp, il che era sbalorditivo. Comunque, siccome ne
avevo scritto sul *New Yorker*, mi chiesero se avessi voglia

di farlo. Non potrò mai dimenticare quel primo incontro
negli uffici di *Time-Life* al Rockefeller Center. C'erano circa
dodici persone intorno a un tavolo. Per lo più discutevamo
su quali fotografie potevano essere disponibili, e così via.
A un certo punto mi fecero una domanda, e non sapendo
la risposta, dissi: "Beh, non lo so, ma venerdì mi vedo
con Marcel e glielo chiedo". Silenzio di tomba. Mi sono
guardato intorno al tavolo e mi sono reso conto che tutti
pensavano che fosse morto! Se avessero saputo che era vivo,
non avrebbero mai programmato il libro.

Ma a quel punto era troppo tardi?

Infatti! L'avevano già messo in produzione.

E Duchamp cosa pensava di quel libro? Pensa che l'abbia letto?

Non ne sono affatto sicuro.

*Per più di cinquant'anni la vita e il lavoro di Duchamp sono
stati al centro del suo pensiero. Vorrei avere la sua impressione
su ciò che pensa sia oggi l'eredità di Duchamp.*

Credo che uno degli elementi più importanti sia questo
atteggiamento di completa libertà: dalla tradizione e dai
dogmi di ogni tipo. Eppoi il modo in cui non dava nulla
per scontato. Parlava come se dubitasse di tutto e, nel
dubitare di tutto, trovava il modo di trovare qualcosa di
nuovo. Questa è stata certamente una parte importante
della sua eredità: questa necessità, la passione di mettere

tutto in discussione, anche la natura stessa dell'arte. Il vero
scopo dei readymade era quello di negare la possibilità
di definire l'arte. L'arte può essere qualsiasi cosa. Non è
un oggetto e nemmeno un'immagine, è un'attività dello
spirito. E quest'idea attraversa tutto il suo lavoro. Queste
cose che ha fatto e che nessuno aveva fatto sono nate da una
libertà che era riuscito a trovare per sé, evitando qualunque
responsabilità potesse inibire quella libertà. Viveva in modo
estremamente semplice, con pochissimi soldi. Riduceva i
suoi desideri al minimo indispensabile e questo lo lasciava
libero di esplorare. Questo atteggiamento sperimentale è
probabilmente il suo dono più influente.

*Oggi ci sono tanti artisti che si dichiarano duchampiani. C'è
persino chi si definisce "readymade artist". Ritrova lo spirito
di Duchamp nel loro lavoro?*

Non proprio. Penso che Duchamp stesso si sia reso conto
che questo atteggiamento che ha elaborato per se stesso
ha aperto ogni sorta di porte, compresa quella dell'arte
pigra. Se l'arte può essere qualsiasi cosa, allora forse non
è necessario lavorare così duramente. Alcuni degli artisti
concettuali di oggi sembrano pensare che qualsiasi idea
vada bene per l'arte, anche quando l'idea è mediocre.

E non lo trova stimolante?

No, non sempre. Però un altro aspetto della sua influenza è
il suo umorismo. L'umorismo è sempre stato piuttosto raro
nell'arte, e credo che sia meno raro dai tempi di Duchamp.

Trova che l'umorismo sia davvero raro nell'arte?

Temo di sì.

*Leggendo le interviste mi ha colpito la sua vivacità e come
lui sia cambiato nel tempo.*

C'era una leggerezza di cuore in lui che era davvero... era
una di quelle cose per cui faceva piacere stare con lui.

*Crede che il piacere sia in parte dovuto ad una luce vivente,
per così dire?*

Probabilmente. Non offriva risposte o soluzioni. Cercava
le risposte attraverso il suo lavoro, a volte anche attraverso
il non-lavoro, come ad esempio vivere la propria vita in
modo soddisfacente. Ecco, avevo questa sensazione. Ho
appena letto un nuovo libro su Montaigne...

How to Live *di Sarah Bakewell?**

Sì, quello! È davvero un bel libro. E vedo Duchamp come
una specie di figura alla Montaigne.

Cosa intende?

Non ti diceva come vivere, ma cercava solo di scoprirlo per
se stesso. Il suo amico Henri-Pierre Roché una volta disse
che il più grande lavoro di Duchamp era come usava il
tempo.

* Sarah Bakewell, *Montaigne. L'arte di vivere*, Fazi 2011

Calvin Tomkins: *Oggi vorrei chiederle della sua vita a New York prima della prima guerra mondiale. Ha detto che la città è cambiata molto da allora.*

Marcel Duchamp: Beh, la vita è cambiata in tutto il mondo. Prendiamo le tasse ad esempio. Nel 1916 e nel 1920 le tasse erano inesistenti, o talmente insignificanti che la gente non ci pensava. Oggi, quando si avvicinano i mesi di marzo o aprile, tutti si affannano a pagare le tasse e a dire che non possono comprare questo o quello perché hanno da pagare le tasse. È una frenesia che all'epoca non c'era. E il resto della vita nel suo complesso era molto più tranquillo, almeno nei rapporti interpersonali. Non c'era quella vita frenetica che vediamo oggi. Voglio dire, ora tutto il mondo è frenetico. L'America non fa eccezione.

Eppure, nonostante tutto questo mercantilismo e la vita frenetica, è comunque un dato di fatto che succedono un sacco di cose tra gli artisti più giovani. C'è molta più inventiva, eccitazione...

Sì è vero, c'era meno attività allora di oggi. Non c'erano
così tanti artisti. Fare l'artista di professione, diventare
artista, era una decisione lasciata a pochi rispetto a
oggi, quando giovani senza particolari attitudini che
pensano: "Bene, magari provo con l'arte". Ai miei
tempi, i giovani che non sapevano cosa fare, avevano
già provato con gli studi di medicina o di legge. Erano
queste le attività. Era piuttosto semplice, e gli esami non
erano così lunghi come lo sono oggi. Si poteva diventare
medico in quattro anni, almeno in Francia. Qui, non so,
probabilmente era la stessa cosa, non come adesso. Tutte
queste cose fanno una grande differenza nella vita dei
giovani d'oggi.

Crede si sia diffusa l'idea che l'arte sia facile?

Non è che si faccia più facilmente, ma ci sono più
sbocchi. Allora non esisteva lo scambio di arte in cambio
di dollari, tranne che per alcuni artisti. A parte questo, la
vita di un artista nel 1915 era inesistente se la si pensava
come progetto per fare soldi. Oggi molte più persone
sono infelici perché cercano di guadagnarsi da vivere con
la pittura e non ci riescono. La concorrenza è tanta.

*Però tutta questa attività in arte non è in un certo senso un
segno salutare?*

In un certo senso, se lo si considera dal punto di vista
sociale. Ma dal punto di vista estetico penso sia deleterio.
A mio parere, una produzione così abbondante alla fine

non può che risultare mediocre. Non c'è tempo per fare un lavoro interessante. Il ritmo della produzione è tale che diventa un altro tipo di frenesia, non so di che tipo. [ride]

Ma questo non riflette forse anche un cambiamento nel concetto di cosa sia l'arte - una perdita di fiducia nella creazione del capolavoro, un tentativo di rendere l'arte parte della vita quotidiana?

Esattamente, è quello che definisco l'integrazione dell'artista nella società, il che significa che il suo status è alla pari con l'avvocato, con il dottore. Cinquant'anni fa eravamo dei paria: i genitori di una ragazza non le avrebbero mai permesso di sposare un artista.

Però lei ha detto che le piaceva essere un paria.

Oh sì, certo, magari non è molto comodo, ma almeno hai la sensazione di realizzare qualcosa di diverso dal solito, forse qualcosa che durerà per secoli dopo la morte.

Quindi disapprova l'integrazione dell'artista nella società?

In un certo senso è molto piacevole, perché c'è la possibilità di guadagnarsi da vivere. Ma questa condizione è davvero dannosa per la qualità del lavoro. Secondo me le cose di grande importanza devono essere realizzate con lentezza. Non credo nella velocità della produzione artistica, e questo va di pari passo con l'integrazione. Non credo nella rapidità, nella velocità, che viene introdotta nella produzione artistica per poterla fare velocemente. Più veloce è, meglio è, così dicono.

Lei ha dichiarato che il suo lavoro ha contribuito alla situazione attuale.

Sì.

L'invenzione dei readymade, ad esempio...

Ma vede, quando ho prodotto quel tipo di cose non l'ho fatto con l'idea di produrne migliaia. Era davvero il tentativo di uscire da questo sistema di scambio, o possiamo dire, per sfuggire alla monetizzazione dell'opera d'arte. Non ho mai avuto intenzione di vendere i miei readymade. Quindi era davvero un gesto per dimostrare che si poteva fare qualcosa senza avere, come secondo fine, l'idea di farci soldi.

Non ha mai venduto i readymade?

Mai. Non li ho mai venduti. Non solo, non li ho mai esposti. Nessuno li ha visti fino a una ventina di anni fa. Quando li mostrai alla Galleria Bourgeois* nel 1916 - fu come un grande favore da parte di Bourgeois che accettò

* Nell'aprile del 1916 Stephan Bourgeois (1881-1964) espone alcuni suoi dipinti e due readymade nel contesto della collettiva *Modern Art after Cézanne* senza alcuna etichetta. Per questo Duchamp ne sottolinea l'ironia usando l'espressione "with a tongue in his cheek (not mine, his)".

di metterli in mostra, con una certa ironia (da parte
sua, non mia). Quindi, se sono responsabile di quanto
succede oggi, diciamo che lo sono fino ad un certo
punto, ma non del tutto.

*Cosa pensa del concetto contemporaneo secondo il quale
l'arte non è qualcosa di fisso ma, come diceva Harold
Rosenberg, "un centro di energia psichica"? Invece che
un capolavoro fisso appeso al muro, dovrebbe essere
qualcos'altro.*

Potrebbe essere. Certo, ma la difficoltà è farlo capire
a chi compra, perché c'è molto tradizionalismo tra i
collezionisti. In genere non sono abbastanza intelligenti.
I collezionisti tendono a sentire le cose. Sono delle
antenne, non degli intellettuali. Quindi fargli capire
che quello che acquistano non sarà per le mura o per
l'arredamento della propria casa è già un grande passo.
Così potranno dire: "Beh, lo comprerò per mostrarlo
soprattutto ai miei amici", oppure "Quando verranno al
mio cocktail party, voglio mostrargli il Rauschenberg", e
così via. Vogliono guardare i colori e la combinazione di
forme e poter dire con disinvoltura: "Oh, lo adoro. A te
non piace? Oh, è meraviglioso". Questo è il vocabolario.
È un vocabolario meraviglioso, vero?
[sogghigna]

*Andrebbe meglio se il collezionista accettasse queste opere
nello spirito di come sono state create?*

Almeno ci sarebbe la possibilità di tornare a un
approccio spirituale, che oggi manca del tutto. Oppure
non manca del tutto, ma è più o meno raggirato dal
valore mercantile dei dipinti. Un quadro può essere più
o meno spirituale, ma il collezionista finirà sempre per
dire: "Eppoi l'ho pagato tanto". Troppo o troppo poco,
il che va comunque bene. Se è troppo poco, chiederà:
"È sbagliato?". Se invece gli sembra troppo dirà: "Sono
orgoglioso perché l'ho pagato tanto".

*Ritiene che la mercificazione dell'arte oggi ne sia anche la
principale influenza?*

Sì, lo è. È l'effetto dell'integrazione. Integrazione
significa davvero che qualsiasi cosa faccia un medico
o un avvocato viene pagata, e si capisce che dovrebbe
essere pagata per i servizi che rende. Così anche
trattandosi di un artista - integrato per la prima volta in
cento anni - va pagato per quello che fa. È normale. È
una delle caratteristiche dell'integrazione. È automatico.
Non è nemmeno pensato o spiegato da nessuna parte.

*Secondo lei un giovane artista come può tentare di uscire
dalla situazione attuale, così come lei è uscito dalla
situazione precedente alla prima guerra mondiale?*

Tre anni fa a Philadelphia hanno organizzato un
simposio sul tema, "dove andremo a finire", più o

meno. E ho concluso dicendo che penso che il grande
uomo di domani in materia di arte non può essere
visto, non dovrebbe essere visibile, dovrebbe starsene
sottoterra. Potrà essere riconosciuto dopo la sua morte,
se ha un po' di fortuna, ma potrebbe anche non essere
riconosciuto. Stare sottoterra significa non avere a
che fare con la società in termini economici. Non
accettare l'integrazione. Il business clandestino è molto
interessante perché un artista oggi può essere un vero
genio, ma se è viziato o contaminato dal mare di denaro
che lo circonda, il suo genio si scioglierà completamente
e svanirà del tutto. Oggi ci possono essere diecimila geni
potenziali, ma non lo diventeranno mai, a meno che non
abbiano fortuna e grande determinazione.

Beh, in un certo senso lei è stato clandestino, no?

No. Forse lo ero all'inizio, ma ora non più, la gente
continua a farmi tante domande! [ride] Probabilmente è
anche la mia condanna.

*Per inciso, mi sembra un po' strano vederla abitare qui
circondato dai dipinti di Matisse, che sicuramente era un
artista retinico.*

Appartengono a mia moglie, e io li ho accettati. [ride]
E poi, sa, a me non interessa l'ambiente in cui si vive, nel
caso non mi interessa e non mi disturba affatto. Potrei
convivere con il calendario più brutto, con qualsiasi

tipo di arredamento, perché nella mia vita non ho mai
dato peso al gusto. Il gusto è un'esperienza che non deve
entrare nella mia vita. Cattivo, buono o indifferente,
non c'entra. Sono veramente contrario agli arredatori
d'interni.

*Lei è contrario a qualsiasi tipo di gusto, compreso il cattivo
gusto?*

Sì!

*Per esempio, Léger diceva che a volte gli piaceva il cattivo
gusto. Gli piaceva davvero...*

Cattivo, buono, indifferente, a me non interessa. Non
si può essere felice o infelice per questo motivo, capisce?
Questo è il problema: il gusto non può aiutarti a capire
cos'è l'arte. La difficoltà è fare un quadro che sia vivo,
così che quando tra cinquant'anni muore, torni in
quel purgatorio che è la storia dell'arte. Per quanto
riguarda la storia dell'arte, sappiamo che, nonostante
ciò che l'artista abbia detto o fatto, è qualcosa di
completamente indipendente da ciò che l'artista
desiderava; è stato afferrato dalla società, che lo ha fatto
proprio. L'artista non conta. Non conta. La società si
prende quello che vuole.

Però l'artista non dovrebbe preoccuparsi di questo.

Assolutamente no, perché non lo sa. Crede di saperlo.
Dipinge un nudo e crede di sapere cosa sta facendo.
Il suo quadro è bello, ma non ha nulla a che fare
con ciò che lo spettatore vi vede: lo spettatore vede
degli aspetti completamente diversi. La priorità
dell'intenditore o comunque lo si chiami non significa
parlare la stessa lingua dell'artista. Cinquant'anni
dopo, arriva una nuova generazione e dice: "Che cosa
hanno detto? Cosa hanno detto?".

È di questo che parlava nel suo discorso a Houston.

Sì, l'interazione dello spettatore, che completa il
dipinto. Senza di essa, il quadro scomparirebbe in una
soffitta. L'opera d'arte non esisterebbe. Si basa sempre
su due poli, lo spettatore e il creatore, e la scintilla che
deriva da quest'azione bipolare dà vita a qualcosa di
simile all'elettricità. Non si può dire che l'artista sia un
grande pensatore perché produce arte. L'artista non
produce nulla fino a che lo spettatore non dice: "Hai
prodotto qualcosa di meraviglioso". Lo spettatore ha
l'ultima parola.

In altre parole, l'artista non si deve considerare un essere
supremo.

Ci provi! Se provo a discuterne con un artista mi dirà:
"Sei pazzo! Io so quello che faccio". Sono talmente
egoisti. È disgustoso. Non ho mai visto niente di
peggio della mente di un artista. È davvero un livello
basso, poco interessante per quanto riguarda il rapporto
tra uomini.

Questo vale per gli artisti di oggi o per tutti gli artisti?

Per tutti. Nietzsche o de Kooning, sono la stessa cosa.

E gli artisti nel Medioevo?

Avevano la forma peggiore, che era la religione. Erano al servizio di Dio.

Ma non crede che questo atteggiamento stia cambiando ora? Gli artisti pop sembrano prendersi molto meno sul serio degli espressionisti astratti.

Vero, c'è una sorta di umorismo, che non è male. Potrebbe anche essere l'annuncio di un periodo in cui l'umorismo verrà introdotto - quando la gente non sarà così seria, il denaro non sarà così importante e avremo tempo libero. Bisogna trovare un sistema in cui si dia abbastanza denaro a tutti senza che debbano lavorare per questo, perché il lavoro è già fatto.

Ha mai discusso queste idee con un altro artista?

No, odio discutere in generale. Non si litiga con gli artisti, si dicono solo parole, e loro dicono parole, e non c'è assolutamente alcun legame. Assolutamente nessuno. Bello da entrambe le parti, pieni di parole nuove, di grandi discorsi e così via, ma non c'è un vero e proprio scambio, non esiste comprensione delle idee altrui.

E l'importanza della vita nei caffè a Parigi, quando gli artisti si riunivano e si scambiavano idee?

Nel caso degli impressionisti era una cosa utile: un artista diceva una parola che catturava l'immaginazione degli altri, questo è vero. Ma è comunque molto artificiale.

Tornando all'idea della mercificazione, quanto è importante il ruolo dei mercanti d'arte nella vita e nell'opera degli artisti?

Un grande ruolo ma, contemporaneamente, un pessimo ruolo. Hanno lanciato tanti giovani. Sono le piattole sul dorso dell'artista. Anche i collezionisti sono parassiti. L'artista è un bel fiore su cui gironzolano tutti questi parassiti. Mi piacciono perché sono persone molto simpatiche, ma questo non ha niente a che vedere con la loro qualità essenziale, che è quella di essere un parassita dell'artista.

Però mercanti come Vollard hanno avuto un ruolo importante.

Vero, uno come Vollard era una forma di posterità avanzata. Poteva accettare Cézanne e metterlo su un piedistallo, e i posteri dovevano adeguarsi. Aveva in sé qualcosa di paragonabile a ciò che può dare un artista, in termini spirituali. Ci sono mercanti bravi e altri no, come in altri campi. È una forma molto curiosa

di parassitismo; invece di essere un fastidio, è un
amplificatore.

Lei ha mai intrapreso questo tipo di attività commerciale?

Sì, un po'. Ho comprato dei Picabia nel 1926, perché
quando mio padre è morto mi ha lasciato un po' di
soldi, non tanti, il mio povero babbo ne aveva già spesi
tanti. Ho comprato alcuni Picabia che misi in vendita
all'asta, all'Hotel Drouot. Era principalmente il periodo
dei lucidi e dei Ripolin dal 1920 al 1921. Non fu un
grande successo, ma fu uno scherzo divertente. Feci un
po' di soldi e li divisi con Picabia, anche se non ne aveva
bisogno.

Altre transazioni?

Mi piace comprare quadri per divertimento, comprarli
a poco. Non l'ho mai fatto sul serio. C'erano pochissimi
soldi da fare. Certo, allora si viveva con nulla. Ma non
avevo affatto voglia di vivere in quel modo. Succedeva
che, conoscendo tutte queste persone come Arp e così
via, ero tentato di comprare cose da loro, ma solo se
avevano bisogno, eppoi in seguito li rivendevo traendone
qualche profitto. Il gruppo che circondava André Breton
invece doveva farlo sul serio perché non avevano altre
entrate, i loro libri non vendevano abbastanza.

*Le sue sensazioni sulla commercializzazione dell'arte erano
forti allora come lo sono ora?*

È stato l'inizio della gara per gli spiccioli. Lo si poteva sentire: l'inizio della monetizzazione dell'arte come forma sociale. Si capiva che un giovane medico, un giovane avvocato, non era attratto dalla possibilità di guadagnarci, no, ma dal fatto di avere un po' di artisti contemporanei sulle pareti. Prima era una cosa riservata ai collezionisti professionisti, questi erano un genere a parte, come lo erano i mercanti: professionisti. Dopo il 1920, la gente in generale ha cominciato a capire che l'arte si poteva comprare.

Quindi è allora che inizia davvero il mercato dell'arte attuale.

Sì, subito dopo la prima guerra mondiale. Arrivano delle persone che pensavano di comprare per speculare. Ma a quel tempo l'arte non era una merce, era una fantasia da parte di persone che non erano collezionisti di professione ma che lo stavano per diventare.

Lei ha anche organizzato una serie di mostre importanti.

Sì. C'era la Société Anonyme. Katherine Dreier voleva che Man Ray, Kandinsky ed io (come una sorta di vice presidente) iniziassimo l'associazione, cosa che lei fece nel 1920. Affittò un appartamento al piano terra sulla Quarantasettesima Strada Ovest, due stanze, credo, che all'epoca rappresentava il Museo d'Arte Moderna. Fece diverse mostre di mio fratello Villon. Naturalmente

non c'erano soldi, ma lasciò il segno. Poi i surrealisti
iniziarono la loro carriera, ma mi occupai di loro molto
più tardi, organizzando mostre. Ne organizzammo
una da Wildenstein nel 1937, dove il soffitto era
pieno di sacchi di carbone. Molto bella, con la stanza
completamente buia, nera come la pece: per vedere i
dipinti bisognava entrare con una torcia, quindi alla
porta venivano distribuite le torce. C'era un grande
braciere con dentro dei carboni ardenti, come quelli
che usano per cuocere le castagne; al posto dei carboni
abbiamo messo sotto una luce elettrica. Quella era
l'unica luce. Ovviamente tutti rubavano le torce*.

I sacchi di carbone erano una sua idea, vero?

Sì, sì, mi piaceva l'idea. C'è stata poi un'altra mostra nel
1942 a Madison Avenue. Lì abbiamo messo delle corde -
dovevano essere sedici miglia di corde, ma naturalmente
non siamo arrivati neanche a un miglio. Ma io ne
ordinai sedici. Abbiamo avuto lo spago in tasca per anni.
[ride]

Cosa rappresentavano i sacchi di carbone?

Queste idee non avevano mai una spiegazione razionale
diretta. Se volevi essere un surrealista era così che
funzionava. Quella volta abbiamo dato più importanza

* Exposition Internationale du Surréalisme, Galérie Beaux-Arts,
diretta da Georges Wildenstein, Parigi (17 gennaio - 24 febbraio
1938)

al soffitto, tutto qui. Qualsiasi cosa che potesse far emergere l'incontro tra due elementi incompatibili era benvenuta. C'era anche una stufa elettrica sulla quale mettemmo dei chicchi di caffè durante la mostra, in modo che quando si entrava si sentisse innanzitutto l'odore del caffè. Allora, l'idea di introdurre un odore im mostra era abbastanza nuova.

E le piaceva questo tipo di attività?

Sì, mi divertiva. Era fatto con uno spirito di vera giocosità e con gente simpatica. Voglio dire, a quel tempo non c'erano così tante difficoltà interne tra i surrealisti: c'era più coesione. Ora sarebbe impossibile. Oggi la giovane generazione la prende talmente sul serio, e il Surrealismo sta diventando di una noia mortale. Troppo dogmatico nella mente di questi giovani. Non sono né inventivi né fantasiosi; usano tutto quello che hanno visto o di cui hanno sentito parlare, e lo usano di nuovo in forma dogmatica. Probabilmente scrivono persino libri a riguardo. [sogghigna]

Lei si è tenuto un po' alla larga dai dadaisti, invece sembrava più coinvolto dai surrealisti.

Ebbene, ai tempi di Dada ero di nuovo qui a New York; non cro a Parigi sc non pcr un mese o due ogni volta. Non ho mai partecipato alle loro manifestazioni. Né ho mai avuto l'atteggiamento dell'attore gigione che

doveva essere dadaista per passare il tempo sul palco
a recitare, leggendo cose completamente idiote. [ride]
Eppoi odiavo qualsiasi apparizione pubblica. Da allora
sono migliorato in quel senso, ora posso dare lezioni,
posso fare cose del genere. Non mi piace, ma va bene
così. Con i surrealisti non era così teatrale - una sorta di
decorazione immobile, come quella particolare forma di
espressione negli spettacoli surrealisti. L'ultimo è stato a
New York tre anni fa alla Galleria D'Arcy. L'ha visto?

No, non l'ho visto.

Beh, l'unica cosa che mi è piaciuta sono state le galline.
In un angolo abbiamo messo tre polli bianchi, belli,
bellissimi polli, che abbiamo nutrito per tutto il mese
prima della mostra. Un mese dopo c'era ancora una
puzza bestiale. Un bel po' di lavoro. [ride]

E gli scacchi?

Fino alla prima guerra mondiale ho giocato solo per
divertirmi. Non c'è mai stata l'intenzione di prenderla
troppo sul serio. Qui, nel 1916, 1917, 1918, ho
giocato molto a scacchi al Marshall Chess Club, sulla
West Fourth Street e da qualche parte nei pressi di
Washington Square. Ho trascorso un bel po' di notti
fino alle tre del mattino, vivendo nei quartieri alti della
Sessantasettesima Strada e tornando con la sopraelevata.

* D'Arcy Galleries, *Surrealist Intrusion in the Enchanters' Domain*,
New York 1960–1961

Probabilmente è lì che mi è venuta l'idea di poter
giocare una partita a scacchi seria. Ricordo che giocavo
per il Marshall Chess Club contro un altro club. Anche
a Buenos Aires, dove sono andato nel 1918 per nove
mesi, mi iscrissi a un club di scacchi e lì ho passato notti
intere a leggere libri e a imparare i trucchi del gioco.
Così, quando sono tornato a New York intorno al 1920
o 1921, ero piuttosto preso dagli scacchi. Per essere
un membro dovevo studiare i libri e avere la bravura
necessaria per non fare brutta figura. E così feci. Dopo
di che, l'ambizione è cresciuta, e da quel momento in
poi vuoi diventare campione del mondo, o campione
di qualcosa. Naturalmente non ci sono mai riuscito, ma
ci ho provato, per vent'anni l'ho presa molto sul serio.
Ho giocato in diversi campionati francesi. Certo, non
sono mai stato campione di niente, ma almeno ero un
appassionato. Finché, intorno al 1940, ho capito che era
inutile provare.

Quindi abbandonò del tutto gli scacchi?

No, successe che iniziai a giocare a scacchi per
corrispondenza. Si gioca con dodici persone. Ti
mandano una cartolina e tu rispondi entro quarantotto
ore. Così, ogni giorno, arrivava una cartolina, con
una mossa e poi cerchi la risposta. Per un torneo ci
vorrebbe un anno e mezzo. Quattro anni e mezzo per
tre tornei. Era un'agonia. Non potevi fare altro che
aspettare la cartolina e prepararti la risposta, e potevi

essere penalizzato per non aver risposto entro il limite. Insomma una cosa stupida. Era il periodo tra il 1930 e il 1935. Alla fine giurai che non avrei mai più avuto a che fare con gli scacchi per corrispondenza.

Ma ha mai vinto qualche torneo?

Credo di aver guadagnato in tutto dieci marchi tedeschi come premio, per cinque anni di gioco. Ho vinto uno o due tornei e ho ricevuto dieci marchi come premio. Che stupido.

Sembra davvero che abbia dedicato più tempo agli scacchi che all'arte. Mi chiedo come è stato possibile accettare la rigidità del mondo degli scacchi, mentre non è riuscito ad accettare l'eccessiva serietà del mondo dell'arte.

Capisco, ma vede, gli scacchi vissuti in quel modo hanno preso la forma di una vera e propria competizione, da uomo a uomo. Una competizione tra la tua mente e la sua. È completa, non ci sono conclusioni bizzarre come nell'arte, dove si accetta qualunque ragionamento o conclusione. È una situazione assolutamente chiara. È un meraviglioso pezzo di pensiero cartesiano. Così ingegnoso che all'inizio non sembra nemmeno cartesiano. Le belle combinazioni che la gente inventa negli scacchi sono cartesiane solo dopo che sono state spiegate, in altre parole, non le si vede affatto arrivare. Eppure quando vengono spiegate non c'è mistero. È una conclusione pura e logica, non si può confutare.

L'atteggiamento nell'arte è completamente diverso.
Probabilmente le due cose mi sono piaciute perché erano
opposte l'una all'altra - i due atteggiamenti - come una
forma di completezza. Ed io non mi sentivo più da una
parte che dall'altra. Non lo so, le sto dando spiegazioni
a cui non avevo mai pensato prima. Dopo tutto, non sai
perché respiri.

*Naturalmente, anche nell'arte c'è competitività. Sono sicuro
che alcuni artisti si sentano in competizione con gli altri.*

Lo trovo davvero stupido. Non dovrebbe esserci
concorrenza. Voglio dire che non c'è niente per cui
competere, tranne i soldi. È solo una forma di invidia
mascherata, non crede?

Credo. Non ne so molto di scacchi. Ma i critici sono stati...

Non c'erano soldi neanche negli scacchi.

No?

Niente soldi. Anche da professionista, solo i giocatori
molto, molto forti sopravvivono. Anche in Russia non
ci sono giocatori di scacchi professionisti. Hanno tutti
delle professioni oltre alle loro attività scacchistiche, che
naturalmente il governo in Russia aiuta. Qui gli scacchi
sono assolutamente ignorati dalle istituzioni. Non
c'è alcun sostegno. La federazione americana è molto
povera. Non ci sono soldi per uomini che perdono.

Esiste uno stile personale negli scacchi, qualcosa che possa essere paragonabile a quello di cui si parla in pittura?

Oh, sì, certo. Ci sono scuole di scacchi. La scuola romantica. C'è anche la scuola ipermoderna; è un nome molto divertente che si sono inventati loro. Le nuove scuole si oppongono alle precedenti. Ma in fondo è più una speculazione della mente e non rischia di essere rovinata dal denaro. Voglio dire, oggi l'arte è sicuramente viziata dal denaro, no? Valorizzata o viziata? Non so. [ride]

Gioca ancora come negli anni Quaranta?

No, non gioco più. La possibilità di giocare bene diminuisce con gli anni. Anche i campioni non possono più giocare come una volta. Finiscono intorno ai sessanta, sessantacinque anni.

Tornando all'arte, ha avuto amicizie vere con gli artisti?

Amicizie molto strette mai. Ho un atteggiamento molto amichevole con gli artisti, anche loro con me, senza dubbio, ma non c'è un vero legame. Un tempo c'era Picabia. Picabia era un amico intimo, l'unico nel 1910, 1911 e 1912. Ma non sono mai stato un uomo con dei legami, non credo che serva parlare. Anche se qui sono ore che parliamo! Non creda a quello che dico.

Allora questo è il momento giusto per chiederle dell'intervista alla rivista Show *l'anno scorso, dove parlava del periodo attuale come del punto più basso nella storia dell'arte.*

Beh, non ci sono alti e bassi in realtà, ma temo che il nostro caro secolo tra cinque secoli non verrà ricordato molto. Rispetto all'Ottocento, avrà una sorta di valore settecentesco. Il Settecento era considerato una forma d'arte frivola, leggera, più o meno decorativa. Non userei "decorativa" per il Novecento, ma non c'è alcun concetto di durata nella sua realizzazione. I mezzi impiegati per produrre arte sono molto deperibili. Si usano pigmenti di bassa qualità; e l'abbiamo fatto tutti. Anch'io. Quindi a breve questi prodotti scompariranno. Ora penso che i quadri si scrostano continuamente. Vengono riparati e restaurati costantemente. Naturalmente i restauratori in parte li distruggono quando restaurano troppo. Quando un dipinto si scrosta bisogna incollarlo di nuovo e questo dà un altro tocco. Anche il mio Vetro è una cosa deperibile perché si rompe facilmente, ma se si rompe lo si protegge, e il fatto che sia rotto non è dannoso, perché va accettato, le rotture si dimenticano, e si vede cosa c'era dietro. Ma la sensazione generale è che si debba fare arte in fretta.

Sì, un arte del momento.

Arte per il momento, che non si preoccupa del futuro
o del passato. Questo credo sia stato caratteristico di
tutto il secolo, dai Fauves in poi. Di conseguenza,
il lavoro lento è considerato un male: bisogna fare
un quadro al massimo in un pomeriggio, altrimenti
passi per stupido. Voglio dire, non ti considerano
importante. E questa, per me, è una cosa che non
posso ammettere. Penso sia molto importante l'idea di
non fare qualcosa, ma quando fai una cosa, non la fai
in cinque minuti o in cinque ore, la fai in cinque anni.
Credo ci sia un elemento nella lentezza dell'esecuzione
che si aggiunge alla possibilità di produrre qualcosa che
sarà duraturo nella sua espressione, che sarà considerato
importante cinque secoli dopo.

*In questo senso si potrebbe dire che il suo lavoro è in
conflitto con lo spirito del secolo.*

Sì, perché ho prodotto così poco, e tutto quello che ho
fatto ha richiesto molto tempo.

II.

Lei ha dichiarato che il Macinino da caffé *è la chiave del resto del suo lavoro. Vorrebbe approfondire la questione?*

Sì, ma non era quella la mia intenzione. Certe cose non le puoi preparare. È successo alla fine del 1911. Mio fratello, lo scultore Duchamp-Villon, mi chiese di fare un quadretto per la sua cucina. Probabilmente oggi è normale avere dei quadri in cucina, ma all'epoca era piuttosto insolito. Chiese a Gleizes, a La Fresnaye, a Metzinger, chiese a cinque o sei di noi dandoci le dimensioni dei quadri perché andavano sistemati sopra il lavello. Così mi è venuta l'idea di fare un macinacaffè, tanto per restare in tema. Come si è visto, invece di fare un macinacaffè oggettivo e figurativo, ho fatto una descrizione del meccanismo. Si vede la ruota dentata, l'impugnatura girevole in alto, ho anche usato la freccia che indica la direzione in cui gira la mano, si vede che c'è già un'idea di movimento, più l'idea di scomporre la macchina in due parti, che è alla base delle cose che sono venute dopo, nel *Grande vetro*. Mi è sempre piaciuto quel quadro.

Possiamo dire, allora, che è il suo stesso lavoro ad aver influenzato quello che ha fatto dopo.

Sì. In seguito, ho usato molti di questi piccoli dettagli. Anche la freccia, con una linea tratteggiata, qualcosa che non avevo mai usato prima. Si vede anche il caffè dopo la macinatura. Non si tratta di un momento, ma di tutte le possibilità di quella macinatrice. Non è come un disegno. Fu un fattore determinante per il mio sviluppo a quel tempo, ma non sapevo affatto che direzione avrei preso; stavo solo facendo un regalo a mio fratello.

Non ha mai pensato alla macchina come elemento caratteristico dell'epoca?

Sì, la chiamano l'età della macchina, giusto? Voglio dire, tutto si sta meccanizzando. Questo crea le premesse perché io mi senta attratto dall'idea di esprimermi come un meccanografico, se così si può dire, invece di usare l'approccio tradizionale al quadro. Mi interessava un approccio meccanicistico, se volevo uscire dalla tradizione.

E avventurarsi in qualcosa di nuovo?

Abbastanza nuovo.

Approfondiamo questa idea di uscire dalla tradizione?

Suppongo che debba essere l'atteggiamento di chiunque voglia scoprire qualcosa di proprio. Per fare qualcosa di tuo, devi dimenticare quello che hai imparato. E una volta che cominci a dimenticare, sei costretto a trovare... altro. Naturalmente, si può cercare e non riuscirci mai.

Pensi di fare qualcosa completamente per conto tuo e, un anno dopo, lo guardi e vedi le radici da cui proviene la tua arte senza che tu lo sappia. Beh, per quanto ne so, non c'era nulla di psicoanalitico in questo. Non sono consapevole di alcuna ragione, se non quella per cui devi trovare te stesso, se esiste un te stesso da trovare. Suppongo che dopo quarant'anni, si possa vedere ciò che si era. Però all'epoca ero troppo immaturo per sapere cosa stavo facendo. È l'eterna differenza tra il momento in cui fai una cosa e dopo, quando scopri che c'era qualcosa di completamente nuovo. Anche il *Nudo che scende le scale* per me non rappresentava una novità quando l'ho fatto. Non lo sapevo. Più tardi, grazie alla reazione degli altri, ho scoperto che era una novità.

Non volevo suggerire niente di psicoanalitico, mi chiedo solo se da giovane abbia avuto le stesse tendenze.

Intende inventarsi giochi che non sono stati giocati da altri, qualcosa del genere? Sì e no. Ero un bambino normale. Ho superato il mio esame di maturità a diciassette anni. Non bene, ma l'ho passato. Stessa cosa con il servizio militare. Invece di aspettare fino a ventun anni per fare il soldato, che allora era la regola, ho deciso di farlo a diciotto anni. A quel tempo c'era una legge che prevedeva che gli avvocati, i medici e un altro settore chiamato artigiani d'arte avessero la possibilità di fare solo un anno di servizio militare, dopo aver superato un esame. Non essendo medico o avvocato, passai l'esame

da artigiano. Mio nonno, il padre di mia madre, aveva
fatto molte incisioni. Superai l'esame brillantemente
e mi fu dato il diritto di fare solo un anno di servizio
militare. L'anno dopo venne approvata un'altra legge
secondo la quale tutti dovevano fare due anni di leva,
al posto di uno o tre. Ma questo era solo un aspetto del
mio carattere, volevo sbarazzarmi di esami e diplomi il
più presto possibile nel momento in cui eri costretto a
farli. Non tanto per schivarli, ma per portare a termine
il più rapidamente possibile quello che dovevo fare, per
sbarazzarmene.

*Un'altra cosa che vorrei chiederle è l'aspetto del caso, che le
interessava già da giovane. A che età ha scritto quel brano
musicale con metodi casuali?*

Era il 1913, credo*. In fin dei conti aveva a che fare con
il readymade. Poi nel 1914 feci *Pharmacy*. La farmacia
era il paesaggio. L'ha visto, no?

Questo era il primo readymade?

No, no, no. Solo uno dei primi. Voglio dire, era nello
stesso periodo dello *Scolabottiglie*. Era l'anno dopo *Roue
de bicyclette*. Vede, era tutto un insieme di cose. Il pezzo
sul caso è stato più o meno nello stesso periodo, tra il
1913 e il 1914.

* *Erratum Musical*, 1913. Partitura per tre voci dedotta da una
procedura casuale scritta da Duchamp con le sue sorelle, Yvonne e
Magdeleine, durante una visita di Capodanno a Rouen

Cosa le interessava del caso?

Niente di più che allontanarsi da cose già fissate. Una
vera espressione del subconscio attraverso il caso. Il
tuo destino. Se lancio un dado, non sarà mai come
il tuo lancio, che è una meravigliosa espressione del
tuo subconscio. Quindi l'azione di lanciare i dadi per
trovare le note di un brano musicale è stata comunque
un'espressione subconscia di me stesso.

John Cage ha sempre usato il caso come un modo per uscire
dalla propria personalità.

Certo, così non è la mente a controllare. Questo è
quello che lui vuole. Il caso è l'unico modo per evitare il
controllo del razionale.

*E John l'ha usato soprattutto come mezzo per uscire dalla
propria espressione personale, anche al di fuori del proprio
subconscio. Ma quale parte di lei entra nell'operazione
del caso?*

Il caso è una cosa che la gente ha o non ha. Siamo
sfortunati o fortunati - in genere, ognuno di noi ha
una buona o cattiva sorte. Quello che Cage farebbe
casualmente non è uguale a quello che farebbe un altro.
Lui lo spiega, come lei dice, per evitare il controllo
dell'approccio razionale sulle cose. In altre parole, non è
responsabile di ciò che accade all'esterno, ma all'interno.

È possibile.

Potrebbe dare una spiegazione diversa, una che suoni più plausibile per quello che sta facendo. Ma non importa se si tratta della sua casualità o della mia, si tratta sempre e innanzitutto del caso.

Sì. Solo che si capisce che quando lei usa il caso, in qualche modo, è un'espressione di se stesso.

Sì, di me stesso.

Ma non credo che per Cage sia lo stesso.

La produzione non è controllata, però lui ha scelto il caso per farla. E quello che fai per caso non è poi uguale a quello che un altro farebbe per caso.

Questo è vero.

Giusto?

Sì.

Quindi il dovere del caso è quello di esprimere ciò che di noi è unico e indeterminato al di là del razionale.

Nella nostra mente, il caso è un'espressione razionale per evitare il controllo della mente.

Assolutamente. E curiosamente questa, in un certo
senso, è anche la base del readymade.

Beh, quando ha fatto la Ruota di bicicletta *la prima volta,
aveva in mente qualche idea particolare?*

No, nessuna.

Allora com'è nata?

Mi piaceva averla in stanza, una decorazione d'interni,
un gadget piacevole.

Capisco.

Era piacevole anche per il movimento che dava,
come il fuoco nel camino, un movimento continuo.
Probabilmente l'origine dell'idea di movimento era lì,
ne sono sicuro.

Eppoi l'ha scelto per motivi estetici?

No. Estetici nel senso di decorazione d'interni.
[sogghigna]
Ma non propriamente estetico, in realtà.

Bello, ma non come arte?

No.

Ma perché era poco attraente?

E anche un po' di derisione, perché l'umorismo ha avuto
un grande ruolo nella mia vita, mio Dio.

*Sì. [ride] E poi, selezionando altri readymade, si è fatto
un'idea più precisa del readymade collezionandoli tutti
insieme?*

Oh, sì. Ha letto quel mio intervento al Museo d'Arte
Moderna? È una cosa molto breve.

Non credo di averlo letto.

Devo trovarlo così posso darglielo. Riguarda la scelta dei
readymade, il fatto che non sia mai stata il risultato di
un diletto estetico. In altre parole, i readymade non sono
mai stati scelti perché erano belli, artistici o conformi
al mio gusto. Questa era la difficoltà della scelta, perché
nel momento in cui si sceglie qualcosa, in genere, se
ne valorizzano le sfaccettature artistiche o l'essenza
estetica. Ma non è di questo che trattava il readymade.
Quindi la selezione è molto più difficile, perché non
puoi fare a meno di scegliere cose che ti piacciono. Ma
è solo un'altra regola dalla stessa parte della barricata.
Il fatto che gli oggetti fabbricati avevano il vantaggio di
essere ripetuti, che c'erano edizioni fatte a macchina,
aggiungeva qualcosa all'effetto di impersonalità. Il
pericolo è che abbiamo ventimila readymade all'anno.

Il pericolo sarebbe quello di orientarli verso un gusto.
Questioni di gusto. Ci si potrebbe far prendere dall'idea
del readymade per tornare a fare l'artista. Un artista di
gusto, che sceglie sempre di più. Questo mi ha fatto
pensare all'idea di definire l'arte come una droga che
crea assuefazione. Grazie al readymade potevo evitarlo.
L'arte è una droga e ci fai l'abitudine, ecco cos'è, per il
collezionista, per l'artista, per chiunque abbia a che farci.
L'arte non esiste in quanto tale, in quanto veridicità o
verità di alcun tipo. Come definizione mi piace molto,
ne sono molto convinto. Così nei readymade ho evitato
tutto questo, facendo in modo di non sceglierli troppo
spesso. Ce ne sono solo dieci in tutta la mia vita. Avrei
potuto farmi coinvolgere completamente dall'idea.

*Lei non ha poi veramente ripetuto molto nella sua vita.
Ci sono pochissimi dipinti, ad esempio.*

Beh, sì. Avrei potuto distorcere l'idea del readymade
ripetendolo di continuo. Sarebbe diventata una
forma d'arte di quella cosa che io chiamo una droga
abitudinaria.

La vede come qualcosa di insidioso?

No, no, ma quando si parla di arte a livello molto
religioso, cerco di spiegare a me stesso che non c'è
molto da venerare. È una droga. Come la religione per
i russi. E ne sono sempre più convinto.

Si è scritto tanto sui readymade come protesta contro la mercificazione dell'arte. Preferirebbe che l'arte fosse una forma di magia?

Più vado avanti e meno ne vedo la possibilità. C'è questo dilemma, come ho detto, che lo spettatore sia importante tanto quanto l'artista. Ci sono due poli, l'artista e lo spettatore. Se non c'è uno spettatore allora non c'è arte, giusto? L'artista che guarda la propria arte non basta. Ha bisogno di qualcuno che la guardi. Io do quasi più importanza allo spettatore che all'artista, perché non solo guarda, ma esprime anche un giudizio. Questo è un modo per portare l'irrilevante gioco dell'arte nella società. È un giochino tra spettatore e artista. Come la roulette, o come una droga, come dicevo prima. E allora, la parte magica di questo gioco... non ci credo più, temo di essere un agnostico dell'arte, per così dire. Non ci credo a tutti gli addobbi, i ritagli mistici, i contorni di devozione e così via. Ma come farmaco è davvero utile a tante persone. È un sedativo.

E che ne è di alcuni dei compiti tradizionali dell'artista, come l'idea che l'espressione di sé da parte del singolo artista sia rilevante nel dare voce a ciò che generalmente rimane inespresso, per condurre le persone a una maggiore consapevolezza della loro vita?

Come un'aspirina o qualcosa per il mal di testa della vita? [ride]

Un catalizzatore di intensità.

È vero, come farmaco sarebbe utile a molti. Un sedativo per il tipo di vita che facciamo.

Anche per l'artista è una droga?

Decisamente, ma in modo diverso. C'è l'aspetto psicologico, il mettersi su un piedistallo. L'artista fa di tutto per pensare che un giorno sarà al Louvre o al Metropolitan. Usa l'arte come una scala a pioli. È un altro capitolo della vita, il capitolo dell'ambizione. Ma esiste anche negli affari. Esiste ovunque.

La sua definizione di arte si avvicina in qualche modo a ciò che Matisse diceva quando definiva l'arte una comoda poltrona.

Beh, sì, nel senso di una droga, è così. Certo, vanta molti aspetti positivi. Ma allo stesso tempo non bisogna ricompensarla classificandola come una specie di religione. Non è neanche buona come Dio. [ride]

E quando è giunto a questa conclusione?

Beh, a poco a poco, non so come ci sia arrivato esattamente. Non si tratta di una conclusione molto importante, non cambia nulla. L'arte è una tra tante attività, nulla di più.

Lei però ha fatto una distinzione tra le opere che entrano nella storia dell'arte e quelle ancora vive.

È un'idea divertente, ma non so se abbia qualche fondamento. Dopo che un'opera d'arte ha vissuto quasi la vita di un uomo - venti o quarant'anni - tanto che importa il numero di anni - arriva un periodo in cui quell'opera, se è ancora guardata dal pubblico, viene messa in un museo. Una nuova generazione decide che va bene così. Ma questi due modi di giudicare l'opera non hanno certo nulla in comune, secondo me. Ecco perché mi riferisco a vita e morte di un'opera d'arte, morte significa posterità, storia dell'arte.

Ma la storia dell'arte la deve interessare, considerata la meticolosa riproduzione delle sue opere.

Sì, è qualcosa che mi ha tenuto occupato. Però come le ho detto, non mi interessa decidere se si tratta di arte, l'arte l'ho fatta io, io sono l'artista che non ha assolutamente idea di quello che sta facendo.

Cosa l'ha spinta a riprodurre il suo lavoro?

Non lo so. Ho venduto cose, fatto soldi, in parte per affari. Piccoli affari, glielo assicuro. No, non ce n'era motivo. Tranne che, producendo poco, era più facile farlo che se avessi avuto il ritmo di un quadro al mese, o qualcosa del genere, come Dubuffet. Nel mio caso mi sono divertito a realizzare una produzione piccola, farla diventare un insieme più espressivo della propria vita.

Quindi per lei è stato più interessante riprodurre che fare qualcosa di nuovo?

Non volevo fare niente di nuovo. Ne avevo abbastanza. Nel momento in cui sistematizzi qualcosa... Se avessi regolarizzato i readymade avrei potuto farne facilmente centomila in dieci anni. Sarebbero stati falsi, perché sarebbero stati veloci, scelti alla svelta, e poi rimpianti un anno dopo. Mi sarei compromesso.
[ride]
Per cui, quando la gente trova qualcosa di interessante in quello che ho fatto, usandola poi come sistema, mi viene qualche dubbio. Almeno sono consapevole del pericolo. Tutto ciò che è sistematizzato diventa presto sterile. Non c'è niente che abbia valore eterno. Dipende dal modo in cui la società lo considera. La povera Monna Lisa se n'è andata perché, per quanto meraviglioso possa essere il suo sorriso, è stato visto così tanto che è scomparso. Credo che quando un milione di persone guardano un dipinto, lo cambiano semplicemente guardandolo. Fisicamente. Capisce cosa intendo? Senza saperlo cambiano l'immagine materiale. C'è un'azione, trascendentale, ovviamente, che distrugge assolutamente qualsiasi cosa tu possa vedere quando quell'immagine era viva.

Intende dire che in qualche modo si deteriora?

Ecco, si deteriora. Ma a volte è un abbellimento.
Prenda El Greco, ad esempio, è rinato cento anni
fa. Era stato sepolto tempo fa, due o tre secoli
fa. All'improvviso, è stato rimesso in piedi. Ma
probabilmente si deteriorerà di nuovo dopo due
secoli di ammirazione. Capisce cosa intendo?

*Questo è diverso dal processo secondo il quale la gente sente
parlare così tanto di un dipinto da non vederlo più?*

È entrambe le cose. Ma andrò oltre e dirò che c'è
un'azione fisica degli spettatori. Lo spettatore fa parte
della realizzazione del quadro, ma esercita anche
un'influenza diabolica semplicemente guardandolo. La
stessa cosa con il mio dannato *Nudo*, vede, da dipinto
scandaloso è diventato noioso, perché lo hanno guardato
così tanto. "Oh no, ancora il *Nudo*". [ride] È dannoso
per quella povera creatura.

*Ma è cambiato ai suoi occhi ora, dopo averlo guardato
tanto?*

No, perché non sono lo spettatore. A volte posso essere
uno spettatore, ma posso anche evitare di esserlo perché
vedo le cose come le vedevo quando le facevo. È un'altra
forma del guardare.

E tutta questa mistica dell'oggetto nell'arte?

Non lo so. È curiosa, perché è una di quelle parole
che non ha alcun significato. Un oggetto è un oggetto,
una forma tridimensionale. Invece le parole vengono
prese e ripetute, e dopo un certo numero di ripetizioni
la parola assume un'aura di misticismo, di magia. E
continua perché agli uomini piace farlo. Immaginano
l'oggetto come qualcosa di fosforescente o qualcosa
di simile. È quello che è successo alla parola *oggetto*.
Ma nel momento in cui abbiamo un certo numero di
credenti, allora va bene tutto. Si può fare questo con
qualsiasi cosa, si può creare la magia con qualsiasi cosa,
ma deve essere fatto senza preparativi.

*Crede che sia successo principalmente a causa della
ripetizione della parola stessa?*

È come la pubblicità. È la stessa cosa, è come ripetere
"Coca-Cola, Cola-Cola". Dopo un po' di tempo attorno
alla Coca-Cola appare la magia.

Si fissa nella mente.

Sì. E forse tra cinquant'anni, se nessuno parlerà più
della Coca-Cola, scomparirà, nello stesso modo in cui
l'arte dopo un certo tempo dovrebbe morire. Il tempo si
occuperà di tutte queste idee folli che la gente si inventa,
e dimenticherà tutti questi meravigliosi maghi. [risate]

*Crede che ciò che oggi costituisce l'arte nuova, come la
Pop art, sia più vicina alla Coca-Cola rispetto a, diciamo,
Cézanne?*

Vede, per quanto mi è possibile non cerco mai di
giudicare o criticare nulla. Quando vedi qualcosa che
non hai mai visto prima, come la Pop art - e parlo di me
ora - non penserei mai a giudicare, deridere o criticare,
perché che cosa puoi dimostrare con le tue parole? Le
parole usate per prendere in giro o dare giudizi non
hanno assolutamente alcun valore. Sono solo prese
in giro, gruppi di parole. Almeno un quadro esiste,
la cosa è lì in carne e ossa e tu ne fai quello che vuoi.
Basta voltargli le spalle, se vuoi, ma non ti preoccupi di
scriverne o pensarci.

*Ma non le sembra di avere rapporti più stretti con il lavoro
di artisti più recenti come Rauschenberg, che ha diverse cose
in comune con...*

Oh, sì, naturalmente c'è una grande relazione con
Rauschenberg. Quando l'ho visto la prima volta è stato
un grande piacere. C'è stato uno scambio piacevole
di sensazioni e questo è molto più importante che
non criticare qualcosa. Anche se si commette un
errore nell'amare qualcosa che non si dovrebbe, per
qualsiasi motivo, troviamo molto di più nell'amore che
nell'odio. [ride] Alla fine, a che serve odiare? Stai solo
consumando energie e morirai prima.

*Riconosce alcune sue idee o preoccupazioni nel lavoro di
Rauschenberg?*

Sì, vagamente. Ma non è importante, perché è il
modo in cui si sviluppa che fa di Rauschenberg
qualcosa di importante. Voglio dire, quando puoi,
devi usare tutto quello che trovi nella tua vita come
base per andare avanti.

*Ma come ci si sente vedendo che tante sue idee ora sembrano
profezie e che tanti giovani le fanno proprie?*

In questo c'è un po' di esagerazione, comunque,
probabilmente è dovuto al fatto che io, avendo una
mente cartesiana, ho rifiutato di accettare qualsiasi cosa,
ho dubitato di tutto. Quindi, dubitando di tutto, se
volevo produrre dovevo trovare qualcosa che non mi
desse dubbi dal momento che non esisteva prima. Dopo
averli inventati non ho avuto dubbi, mai. Ho sempre
fatto ricerca su ciò che non avevo mai pensato prima.
Dopo un *Nudo che scende le scale* non ne facevo un'altro.

Sembra che in molti usino le sue opere come base.

Può darsi che le cose che ho fatto, avendole fatte per
primo, possano essere un punto di partenza per questi
giovani, un nuovo passo, che accetto con piacere.
Questo è tutto quello che posso dire.

Chi trova particolarmente interessante oltre Rauschenberg?

Jasper Johns e anche altri più anziani. L'unica cosa è...
non sono contrario, ma voglio dire, per mettere le cose
in chiaro, il fatto che facciano tutto così velocemente,
eppoi così tante mostre personali, è proprio come un
boom.

Con così tanti soldi.

Tanti soldi e tanta voglia di fare. Non possiamo,
naturalmente, confrontare due periodi distanti
cinquant'anni l'uno dall'altro. Comunque, ai miei
tempi essere così veloci non andava di moda. [ride]
Non è un'obiezione, ma è una differenza.

III.

*Il movimento è un elemento importante nel suo lavoro.
Come le è venuta l'idea per la prima volta? È venuta dai
futuristi?*

Beh, nello stesso periodo, certo, ma vede, non ero a
conoscenza dell'esistenza dei futuristi a Parigi in quel
periodo. Loro erano in Italia. Ero molto giovane e
conoscevo appena anche i pittori francesi della mia
generazione. Nel 1910, avevo ventitré anni, e avevo
fatto dei disegni per le riviste di illustrazioni *Le Rire* e *Le
Courrier français*, per fare qualche soldo, perché ancora
non sapevo cosa volevo fare a quel tempo. A vent'anni
non sai cosa farai a quarant'anni. Naturalmente a
quindici anni realizzai alcuni paesaggi nella casa di
campagna dove ero con mio padre e mia madre. Ma
l'idea del movimento, non so come mi è venuta. In
qualche modo è arrivata nel 1911, quando ho fatto
quel ritratto di donna - cinque figure della stessa donna,
ripetute come un bouquet di fiori*.

Conosco quel lavoro.

Tre sono la stessa donna vestita, con un cappello, e le
altre due sono nude. Non ho mai visto la donna più
vicina di dieci metri, ma l'ho incontrata in Avenue de
Neuilly, mi interessava che portasse a spasso il cane
o qualcosa del genere, e così ho iniziato quel ritratto.

* *Portrait (Dulcinea)*, 1911. The Philadelphia Museum of Art

Quella fu la prima immagine che voleva esprimere l'idea del movimento. Ma probabilmente si trattava più di subconscio che di un programma vero e proprio.
[silenzio]

Dopo di che ho fatto anche qualche giocatore di scacchi. Era più o meno la ripetizione del profilo dei miei due fratelli, loro erano giocatori di scacchi. Era più uno studio tecnico, nel senso che dipingevo con la luce a gas, che per me era un esperimento. Invece di dipingere alla luce del giorno o del sole, volevo farlo alla luce del gas. È una luce verdastra, nel senso che quando guardi lo stesso quadro alla luce del giorno la mattina dopo, vedi una differenza di tonalità grigiastre, il tutto è sottomesso, non è più la violenza dei Fauves. E, più o meno, fu il mio primo contributo al cubismo, nel 1911.

Poi è arrivato Nu [esquisse], jeune homme triste dans un train?

Sì. Era l'ottobre 1911 o l'11 novembre del 1911. Fu in occasione di un viaggio in treno da Parigi per raggiungere la famiglia a Rouen. Naturalmente il giovane triste sul treno ero io. Non c'è molto del giovane, neanche tanta tristezza, insomma non c'è molto di niente in quel dipinto, tranne un dipinto di influenza cubista. La mia interpretazione del cubismo era una sorta di ripetizione di parallelismi di qualche tipo, di linee schematiche senza alcuna considerazione per l'anatomia o la prospettiva in un certo senso. Il parallelismo delle linee descrive il movimento in una certa direzione, grazie alla ripetizione delle diverse posizioni della persona. Questo è stato il primo, e dopo di esso sono arrivati i primi studi per il *Nudo che scende le scale* alla fine del 1911. A Philadelphia c'è uno studio che mostra ancora un nudo – non molto, ma quasi naturalistico – che scende una scala. Naturalmente è esagerato, ma almeno mostrava alcune parti di pelle. [ride]

Il primo schizzo per il nudo è stato un piccolo disegno, fatto a mano, per un'illustrazione di poesie di Laforgue, che mi piaceva come poeta anche se incompreso ancora oggi. Ai poeti non interessa Laforgue, dicono che sia un poeta di seconda categoria. Comunque, come illustrazione di quella poesia ho fatto un nudo ascendente, appena abbozzato, un semplice schizzo a matita di un nudo che sale. Probabilmente guardandolo mi è venuta l'idea: e perché non farlo scendere invece? Nel senso che se avessi voluto fare un grande quadro basato sullo schizzo, pensavo che la maestosità della discesa sarebbe stata più adatta ad aiutare la mia espressione statica piuttosto che la salita, capisce? La salita, come forma di sforzo, è un punto di vista completamente diverso. Mentre la discesa sarebbe risultata maestosa, come dite voi, a teatro, con quelle enormi scale al centro?

Il musical?

Sì, le commedie musicali. Mi ci è voluto circa un
mese per finirlo. Venne spedito agli Indipendenti nel
febbraio 1912*. Avevo già avuto qualche contatto con
Gleizes e Metzinger, perché avevamo fatto una mostra
collettiva insieme nel novembre 1911. Si supponeva che
io fossi uno di loro, con Léger e Gleizes e Metzinger.
Gli Indipendenti erano diversi dal gruppo di Picasso
e Braque, che vivevano a Montmartre. Non c'è mai
stato contatto con loro. Così, quando gli ho inviato il
quadro – naturalmente, non alla giuria – avevano una
stanza cubista, solo che quando hanno visto il mio
dipinto, prima dell'apertura della mostra, hanno deciso
che non era del tutto in accordo con le loro teorie.
Avevano già delle teorie cubiste. Per loro il cubismo
era essenzialmente statico. L'idea del movimento, una
donna che scende le scale, non piaceva affatto. Forse
sapevano che i futuristi avevano fatto quel genere di cose
nello stesso momento. Io non lo sapevo, non si erano
fatti vedere a Parigi in quel periodo.

E non aveva letto il loro manifesto...

No, non l'avevo visto. Così decisero di mandare i miei
fratelli a chiedermi se almeno potevo cambiare il titolo.
Arrivarono e mi raccontarono cos'era successo. Per loro
era abbastanza sconcertante. Non dissi niente ai miei
fratelli, ma andai subito alla mostra e riportai il quadro
a casa. È nel catalogo del 1912, però non è mai stato

* Nel febbraio del 1912 Duchamp presenta il *Nudo che scende le scale*, n.
2 al Salon des Indépendants di Parigi

esposto. Non ne ho mai parlato con nessuno, ma è stata una vera svolta nella mia vita. Capii che non mi sarei più interessato ai gruppi dopo quanto era successo. La sentivo troppo come se fosse una scuola, una scuola che ti dice che bisogna fare questo, bisogna fare quello, un atteggiamento da accademia.

E mostrò il dipinto da qualche altra parte?

Sei mesi dopo venne esposto alla Section d'Or*. Un'altra mostra organizzata soprattutto da Picabia, che aveva trovato una galleria in rue La Boétie. Fu un'ottima mostra. Infatti, fu lì che incontrai Apollinaire, non l'avevo mai incontrato prima. Venne alla mostra. Stava scrivendo il libro intitolato *Les Peintres cubistes*. Quell'estate del 1912 ero stato tre mesi in Germania, a Monaco di Baviera. Era il mio primo viaggio fuori dalla Francia da giovane. Apollinaire aveva visto spesso Picabia mentre organizzava la collettiva della Section d'Or. Apollonaire mi scrisse a Monaco di Baviera e mi chiese delle foto di me stesso, per il libro. Ma il nostro primo incontro fu in ottobre. Tutto qui, perché dopo Monaco ho avuto l'idea del *Grande vetro*. Avevo già finito con il cubismo e, se non con il movimento in quanto tale, almeno il *Grande vetro* non andava confuso con la pittura ad olio.

Beh, certamente è stato un aspetto importante del suo pensiero in questo periodo iniziale.

* Salon de la Section d'Or alla Galerie la Boëtie (dal 10 al 30 ottobre 1912)

Sì, assolutamente. Immagini, in un mondo come quello
dei Fauves, quello dei primi cubisti come i paesaggi
di Picasso e Braque del 1909 e del 1910, nessuno ci
pensava neanche a descrivere il movimento.

Era statico.

Completamente, e orgogliosi di essere statici.
Continuavano a mostrare le cose da diverse
sfaccettature, ma quello per loro non era
movimento. Era, più o meno, una sorta di concetto
quadridimensionale, vedere tutti i lati di un oggetto
in una volta sola. Quindi ho continuato per la mia
strada. La prima cosa che ho fatto in direzione del
Grande vetro è stato la *Macinatrice di cioccolato**.

Dove il movimento c'è.

Beh, sì, ma non è esplicito. Sappiamo che dovrebbe
girare, ma non voleva affatto esprimere il movimento di
quel macina-cacao. Ho fatto due dipinti, e il secondo è
fatto in modo architettonico. Ad esempio i cilindri, la
loro forma è indicata da linee parallele che ne indicano
la forma, ma non il loro movimento. Non c'era alcuna
intenzione di descrivere il movimento come succede nel
Nudo. Avevo finito con il movimento in quanto tale.
Anche se avevo diversi modi di replicare il movimento,
per esempio il primo readymade che ho fatto è stato nel

---

* *Broyeuse de Chocolat*, 1913. The Philadelphia Museum of Art

1913, con la ruota della bicicletta. Ho montato la ruota su uno sgabello e questo è tutto. Si ricordi, però, che allora non si chiamavano readymade. Lo sono diventati due anni dopo, è nel 1915 che ho scoperto la parola readymade. Era solo un'idea; avere qualcosa a casa tua come si ha un focolare. Non voleva essere mostrato, né visto. Era solo per un mio uso personale, lo stesso modo per cui hai un temperamatite, solo che in questo caso non c'era alcuna utilità. Era completamente inutile.

Ha continuato anche dopo a fare readymade?

Non proprio. Dopo la *Ruota di bicicletta*, ho cominciato a pensare a come avrei potuto fare qualcosa senza dipingere su tela. L'idea di dipingere già mi annoiava. Per me, la tela e la pittura a olio erano gli strumenti di cui si era abusato così tanto negli ultimi nove secoli, che volevo allontanarmene per darmi la possibilità di esprimere qualcosa di diverso. È allora che è venuta l'idea del vetro. Ho comprato una lastra di vetro. L'idea della *Pala* trasparente l'avevo già progettata*. Così ho comprato il vetro e per disegnarci sopra, la prima idea è stata quella di usare l'acido fluoridrico. Per incidere sul vetro si usa l'acido fluoridrico. E cominciai a comprare la paraffina per evitare che l'acido attaccasse il vetro, tranne dove volevo io. Ci ho provato per due o tre mesi e ho fatto davvero dei pasticci. Ho capito che non avrei fatto molta strada e, inoltre, c'era il pericolo

* *Glissière contenant un moulin à eau en métaux voisins*, 1913

di respirare quei fumi. Era davvero pericoloso, quindi
ci rinunciai. Ma conservai la lastra. Poi è venuta l'idea
del progetto, il disegno, con il filo di piombo, un filo
sottilissimo che si può allungare per fare una linea retta
perfetta. Era un materiale malleabile, con cui era bello
lavorare. Non resiste alle tue intenzioni. Questo mi
piaceva. Prima che mi venisse l'idea del vetro avevo usato
una lastra per una tavolozza, vede, guardavo il colore
attraverso il vetro, e questo mi portava a proteggere quei
colori dall'ossidazione. Se li si protegge, non ci sarebbe
più quell'invecchiamento dei colori, che è vero per
qualunque dipinto. Sa, dopo dieci anni si ingialliscono
e così via. Questo è stato uno dei miei trucchi, usare il
vetro in questo modo, e così decisi di fare un dipinto su
vetro, dal retro. Dipingere sul retro del vetro. E i fili di
piombo venivano messi giù con la vernice. Lo metti in
piano e metti giù esattamente la tua forma poi metti una
goccia di vernice, e tiene. Ha tenuto per quarant'anni,
ma sui due secoli non prometto niente!
[ride]

Pensavo spesso al titolo del dipinto. Avevo fatto una
sposa a Monaco. Faceva parte del periodo astratto. Non
c'era una sposa, era solo un lavoro astratto per lasciare
che le cose venissero sulla tela come volevano; una forma
di espressione astratta. Ma da quel dipinto ho tratto la
forma che volevo usare nel *Grande vetro* definitivo. Tutto
questo doveva essere pianificato e disegnato su carta in
anticipo, come se fossi un architetto. Ho fatto prima
un piccolo disegno dove tutto era misurato. Sul muro

di gesso che avevo nel mio studio allora, ho disegnato
a matita la forma finale, la forma esatta, di quello che
sarebbe diventato il Vetro. Non in un modo qualsiasi e
per niente casuale. Tutto questo per essere in un certo
luogo, in prospettiva, usando una prospettiva regolare,
vecchio stile. Tutte queste cose mi divertivano molto
perché era così lontano dai Fauves, dagli impressionisti,
dai cubisti.
[silenzio]

Alla fine del 1914, quando scoppiò la guerra, avevo
finito sia questo sia l'altro. Questi studi, chiamateli come
volete, erano già da collocare con esattezza - avevo tutte
le misure - con le riduzioni, da inserire nel vetro. Così
quando sono arrivato in America nel 1915, ho portato
questa cosa, questa *Moules Mâlic* - ma non portai il vetro
semicircolare, l'avevo dato a mio fratello al paese. Dopo
l'ho venduto agli Arensberg e l'ho fatto venire qui; con
mio fratello feci uno scambio. E poi, subito nel 1915,
cominciai con il *Grande vetro*. Comprai due grandi lastre
e iniziai la parte superiore, la *mariée*, lavorandoci almeno
un anno. Dopo, probabilmente nel 1916 o nel 1917,
lavorai sulla parte inferiore: sugli scapoli.

Perché ci è voluto così tanto tempo?

Per la mia pigrizia. Potevo lavorare al massimo due
ore al giorno. Mi annoiava a morte. Mi interessava,
ma non abbastanza da provare l'ansia di finirlo. Non
mi interessava. Non avevo intenzione di esporlo né di

venderlo in quel momento. Lo facevo e basta: era la mia vita. Ogni volta che ne avevo voglia ci lavoravo. Questo è il mio trucco, quindi non posso lamentarmi. Era un lavoro noioso, vede. Ancora oggi non riesco a lavorare più di due ore al giorno. E non è poco lavorare ogni giorno. Non riesco a spiegarlo, né voglio dire che sia la cosa migliore da fare. Ma almeno nel mio caso lo è stata. C'è una copia del *Grande vetro* made in Stockholm*. Ne ha mai sentito parlare?

Ne ho sentito parlare.

Ci sono voluti sei mesi all'artista che l'ha fatto! E magari aveva degli assistenti. Io non ho mai avuto nessuno tranne me stesso. Ho fatto tutto da solo, e non mi importava quanto tempo ci volesse. Comunque, il *Grande vetro* non è stato finito fino al 1923, perché sono tornato in Europa nel 1918, e poi a Buenos Aires, e poi sono tornato nel 1919. Ci ho lavorato di nuovo per un anno, ma poi ho fatto due o tre viaggi in Europa, perché avevo solo un visto temporaneo e potevo rimanere solo sei mesi per volta. E infine, nel 1923, ci rinunciai del tutto. Non l'ho mai finito. Nel disegno si trovano parti che non sono sul vetro. Mi annoiava a morte. Mi sono detto: "A che serve andare avanti?"; ne avevo abbastanza.
[silenzio]

* Replica svedese realizzata per la mostra *Rörelse i konsten* [Il movimento nell'arte], Moderna Museet 1961, dall'artista Per Olof Ultvedt (1927–2006) in collaborazione con il critico Ulf Harald Linde (1929–2013) e la consulenza di Marcel Duchamp che ne certificò la copia conforme.

Poi nel 1926 fu incluso in un grande mostra a
Brooklyn. Ma sulla via del ritorno da Miss Dreier, si
ruppe. Era impacchettato a terra sul camion, in una
scatola, ma i camionisti non sapevano cosa ci fosse nella
scatola. L'hanno sballottata per sessanta miglia fino al
Connecticut. E la signorina Dreier non ha mai saputo, se
non qualche anno dopo, che era tutto rotto. Dissi che un
giorno sarei tornato ad aggiustarla, e così feci nel 1936.
Due mesi a casa sua, a West Redding, Connecticut. Ho
fatto uno studio nel suo fienile. I pezzi non erano sparsi,
erano rimasti al loro posto. Così l'ho sistemato usando
altri due riquadri e una cornice che reggeva tutto. La mia
vita è sempre stata molto legata ai vetri infranti.

*Vetri rotti. Cosa ha provato quando ha saputo che l'avevano
rotto?*

Niente. Non molto. Dovevo solo consolare Miss Dreier.
In genere ho un atteggiamento fatalista. Non piango mai
per qualcosa di spiacevole, quindi le dissi: "Al diavolo". Il
vetro rotto non era la cosa più importante della mia vita.
In fondo non aveva alcun valore nel mondo artistico
di quel tempo. Non interessava a nessuno, nessuno
lo vedeva e nessuno lo sapeva perché tanto era a casa
sua, non è mai stato esposto da nessuna parte se non a
Brooklyn nel 1926*. Però oggi lo ricordiamo.

* Mostra della Société Anonyme International Exhibition of Modern
Art al Brooklyn Museum (New York, novembre 1926 - gennaio 1927).

*Tornando per un attimo al tema del movimento, lei dice
che con il* Grande vetro *non le interessava descrivere il
movimento nello stesso modo che troviamo nel* Nudo.
*Ma aveva molti elementi di movimento, tipo il luccichio
degli schizzi e degli spruzzi. I dettagli nel* Grande vetro
esprimono le sue idee sul movimento?

Naturalmente sì, ero ancora interessato al movimento,
ma non allo stesso modo. Di queste cose non c'è traccia
nel vetro. Ma sono nel libro che parla del Vetro. Ci sono
cose che accadono senza essere viste. Lo schizzo e tutto
ciò che non è raffigurato, non sono descritti in modo
pittorico. Il Vetro e il libro sono molto collegati. Non
solo, sono fatti l'uno per l'altro. La mia prima idea,
quando ho finito il Vetro, è stata quella di far realizzare
quel libro come se fosse un catalogo di Sears e Roebuck,
con la spiegazione di ogni dettaglio del Vetro. Una
spiegazione che descrivesse in forma letteraria per cosa
era stato fatto ogni pezzo e ogni sezione del Vetro. Mi
sarebbe piaciuto senza fronzoli come un catalogo Sears
and Roebuck. Questa era la mia intenzione. Non l'ho
mai fatto, se non poi nella versione della *Green Box**,
che è fatta apposta per il Vetro. Ma non proprio come
volevo, avrebbe dovuto essere due volte più grande, con
molti più dettagli. Era l'inizio di quello che volevo fare.

---

* *Notes and Projects for The Large Glass*, Harry N. Abrams; prima
edizione 1969. Edizione americana di Marcel Duchamp, *The Bride
Stripped Bare by her Bachelors Even (The Green Box)* 1934

La preoccupazione per il movimento è continuata con le macchine rotanti.

Sì. nel 1920. Non riesco a ricordare come mi sia venuto in mente. Non le mostrano mai perché sono troppo pericolose e anche fragili. Quei piatti con le linee, quando girano creano dei cerchi. Probabilmente questo mi ha dato l'idea di cose più piccole che girano. Il punto principale è che, avevo notato che quando due cerchi con centri diversi sono uno sopra l'altro e girano su un terzo centro, in modo che ognuno ha un centro e un terzo centro tra i due centri, uno dei cerchi va su e l'altro va giù. Non si sa quale: dipende dalla tua posizione. Allora era un fenomeno che mi divertiva molto. In altre parole, la terza dimensione è creata lì, proprio lì, dai dei cerchi che girano su un terzo centro. Da allora ho fatto alcuni disegni e molti disegni per il film *Anémic cinéma*. Di quell'idea ne ho fatto un film. Ma nel 1934, una decina d'anni dopo, ho scoperto che avrei potuto farci dei disegni. Invece di fare disegni astratti come nel caso di *Anémic cinéma*, potevo fare forme che potevano ricreare oggetti, mettendo tre o quattro cerchi uno sopra l'altro, su un altro centro. Così ho realizzato dodici disegni nel 1934 e ne ho fatto un'edizione stampandoli su cartoncino. Ma poi ho mostrato queste cose a una sorta di scienziato, un fisico dell'ottica. Sì, mi disse che sono molto interessanti perché abbiamo progetti speciali per restituire la sensazione della terza dimensione a uomini con un occhio solo. Nel caso le persone perderessero un occhio per un incidente perderebbero anche la capacità di vedere nella terza dimensione. Naturalmente non c'era alcun interesse da parte del mondo dell'arte, ma per me questo non contava.

E una volta ha cercato di venderli?

Sì. C'era un evento chiamato Concours Lépine. Lépine era stato per alcuni anni prefetto di polizia a Parigi e aveva creato una fiera per inventori e costruttori*. Molto importante, vicino alla Porta di Versailles. Tutti gli inventori andavano lì ad allestire uno stand. Come lo chiamate, stand o banco?

Banco.

Insomma, per un mese vendevano lì la loro merce. Così feci la stessa cosa. Avevo anche una segretaria, perché non volevo stare lì tutto il giorno. Li vendevo a diciotto franchi. Avevo tre di quelle macchine che giravano tre alla volta per attirare la gente. Mai venduta una! Una sola in un mese. [ride]
Un fiasco totale.

La gente li guardava di sfuggita o li evitava del tutto?

* I *Rotorelief* di cui parla Duchamp vennero prodotti in un'edizione di 500 esemplari per essere esposti e messi in vendita alla fiera degli inventori Concours Lépine. Duchamp racconta l'esperienza del Concours Lépine in una lettera a Katherine Dreier: *Il mio banco al Concours Lépine è allestito e da quando ho aperto ho venduto solo due scatole. Un fallimento completo in termini commerciali.* Trecento *Rotorelief* andarono inoltre persi durante la seconda guerra mondiale.

Ma no. C'erano bambini ovunque. Era diventato un posto molto popolare. C'erano molti gadget in vendita, per la cucina o la camera da letto. Anche i prezzi erano molto buoni. È stata un'esperienza molto divertente.

Ha idea del perché questa preoccupazione per il movimento l'ha accompagnata per così tanto tempo? Pensa che oggi sia rilevante?

Probabilmente è la conseguenza del mondo moderno, che si basa sul movimento. Del resto, prima ci volevano cinque ore per andare da Parigi a Rouen, ora ci si va in dieci minuti. La velocità e il movimento sono stati il capitolo più importante del mondo moderno, giusto? L'uomo si è spinto verso una velocità sempre maggiore.

Ma questo come lo applichiamo all'arte?

È un po' il clima nel mondo di oggi, e l'artista ha dovuto seguirlo per farsi conoscere. Perché mantenere l'idea statica nell'arte? Non era affatto necessario. Né era una forma di espressione antiartistica, introdurre il movimento. Ma sentivo di dover esprimere l'idea di movimento come un sentimento estetico, in un modo ignorato dai pittori statici di prima. Credo che per tutto questo tempo la definizione di arte sia stata più o meno statica, per tutti questi secoli. Introdurre l'idea del movimento nell'arte è stata la scoperta del nostro secolo. Questa è la mia impressione.

Tutte le idee devono cambiare.

Sì. In questo senso i futuristi appartenevano molto più al loro tempo rispetto ai cubisti. I cubisti erano pittori statici, all'antica. Persino il taglio in sfaccettature era una forma timida di rottura delle regole.

Secondo lei, c'era un sentimento di rivalità, a quel tempo, tra cubisti e futuristi?

Oh, enorme. Non era nemmeno una rivalità, da parte dei cubisti era un evidente disprezzo. Vede, i cubisti erano ancora pittori all'antica, passavano le loro giornate a dipingere e non avevano idea di quello che succedeva attorno a loro, erano lì a lavorare ogni giorno. Mentre i futuristi erano uomini di mondo, sapevano cosa stava succedendo. All'epoca non conoscevo i futuristi perché ero troppo giovane. Ma devo dire che anche i miei amici cubisti li conoscevo a malapena.

All'epoca era interessato ad aspetti della tecnologia che la circondavano?

No. Si trattava di applicare all'arte del tempo, cubista, fauves o impressionista, qualcosa che non era mai stato pensato da questi padri. Non avrei mai copiato un dipinto impressionista, né avrei usato i loro trucchi o le teorie tipo il simultaneismo di Seurat. A me questo non interessava. Volevo trovare qualcosa per sfuggire a quella prigione della tradizione. La tradizione è la prigione in cui si vive. Come si può sfuggire a quelle tenaglie?

Bene, che procedano pure con quella, ma quando
sono pronti a essere se stessi, le cose ti tengono a bada
a dispetto di quello che vuoi fare. L'educazione è così
forte in ogni bambino. Li trattiene come una catena. È
quello che volevo evitare, eppure non mi sono liberato
del tutto. Ma ci ho provato, consapevolmente. Ho
disimparato a disegnare. In realtà ho dovuto dimenticare
con la mia mano. Con i miei quadri, intorno al 1910,
quello era già disimparare, o imparare a dimenticare.
C'era anche una distorsione sistematica, che era il mio
metodo a partire dal 1900 e probabilmente anche prima.
Nel caso di Matisse, sono sicuro che ha dovuto decidere
di disegnare sistematicamente in modo diverso da
quanto aveva imparato in accademia.

*Una cosa che mi incuriosiva è il suo atteggiamento generale
nei confronti della scienza. Il suo lavoro non è influenzato
dalla scienza?*

No. Ma per ironia della sorte, sì. È un modo ironico
di dare una pseudo-spiegazione. Non credo nella
spiegazione, quindi devo darne una pseudo-scientifica.
Tutto sommato sono uno pseudo. [ride] Questa è la
mia caratteristica. Se ho usato la poca matematica che
conoscevo è stato solo perché era divertente introdurla
in un campo come quello dell'arte, che in generale ne ha
ben poca. Anche l'idea della prospettiva era una sorta di

forzatura per essere al servizio di un'idea scientifica, per
sfuggire alla mano libera, come dicevo spesso.
Dovevo uscire da quello schema, lo schizzo sulla tela
e tutto il resto. La prospettiva ti costringe a dare una
forma a qualsiasi oggetto che disegni secondo le sue
leggi. Quindi, la tua macinatrice di cioccolato poteva
essere disegnata a mano libera, con due rulli invece
di tre, o uno capovolto, come l'avrebbero disegnato i
Fauves. Ma quando cominciai la mia macinatrice usai
la prospettiva per disegnarla, in modo che la forma non
fosse affatto dettata dal mio gusto. Mi era imposta dalla
prospettiva.

*Capisco. In un certo senso lei usa la scienza come mezzo
per l'arte.*

Sì, per evitare altre cose. Era un gioco.

*Lei ha parlato di forzare le leggi della scienza, e mi
domando se ne parla nello stesso spirito con cui cerca di
rompere con la tradizione, per evitare ciò che sembra
inevitabile.*

Beh, facile a dirsi ma non così facile a farsi. È una cosa
molto interessante decifrare se qualcosa è legge. È un po'
tautologico. Dobbiamo accettarla, quando la vediamo
in azione con la stessa ripetizione di causa ed effetto.

Quindi, essendo intrappolati nella causalità, non c'è via d'uscita. Ma questo non significa nulla in termini di validità. È solo un'illusione della causalità. Non ho mai creduto nella causalità. Perché se accendi un fiammifero e vedi un fuoco lo consideri una legge. È una parola molto bella, legge, ma non ha una validità profonda. Questo è quello che penso. È solo un'abitudine.

Un'abitudine della natura?

Sì. Quello che non conosciamo probabilmente non è l'abitudine. Quello che sappiamo è solo la percezione limitata che abbiamo di fatti ed eventi. Siamo così affezionati a noi stessi, siamo piccoli dei sulla terra. Ho i miei dubbi, tutto qui.

Accetta qualche legge di principio?

No, voglio dire, la parola legge è contro i miei principi. Almeno credo che non sia necessario chiamarla legge, come se fosse inesorabile. Il concetto di causalità per me è molto dubbio. Ha un carattere dubbio. È una forma conveniente che rende possibile la vita e tutti questi concetti religiosi che nascono dalla causalità: l'idea che Dio sia il primo a fare tutto è un'altra illusione della causalità.

Avendo deciso di andare oltre le leggi della fisica e della chimica, ha adottato un punto di vista ironico?

Sì, con l'idea che forzando quelle leggi, rendendole più elastiche, sarebbe stato più simile a un gioco, più degno di essere vissuto.

Perché la vita stessa sarebbe più interessante?

Ci sarebbe più immaginazione, più libertà d'azione, più mancanza di serietà, più gioco, più spazio per respirare invece di lavorare. Perché, dopo tutto, l'uomo dovrebbe lavorare per vivere? Il poveretto è stato messo sulla terra senza il suo permesso. È costretto a stare qui. Il suicidio è una cosa difficile da realizzare. Siamo ai lavori forzati. Ecco la nostra sorte sulla terra, dobbiamo lavorare per respirare. Non vedo cosa ci sia di ammirevole. Riesco a concepire una società in cui i pigri hanno un posto al sole. Avevo addirittura pensato di fondare una residenza per i pigri, l'*hospice des paresseux*. Se sei pigro e la gente accetta che tu non faccia niente, hai il diritto di mangiare, bere, avere un riparo e così via. Una casa in cui fare tutto questo gratis. A condizione di non lavorare. Se cominci a lavorare, vieni immediatamente licenziato. C'era un libro pubblicato nel 1885 da uno dei gruppi comunisti francesi dell'epoca: *Il diritto all'ozio**. Il titolo dice tutto, vero? Era un diritto, senza dover restituire un resoconto o altro in cambio. Ma ancora una volta, per me, chi ha inventato il concetto di scambio? Perché uno scambio dovrebbe essere alla pari? Non capisco come sia nata nella mente dell'uomo l'idea del baratto. Gli animali non scambiano, non prendono e non danno secondo un valore.

* Paul Lafargue, *Le droit à la paresse*, 1883

Ma non è, in qualche modo, una forma di protezione per i deboli o i pigri? Se un animale è debole o pigro morirà di fame.

Lo so, ma così è. Dio sa che c'è abbastanza cibo per tutti sulla terra, senza dover lavorare per questo. [ride] Chi ha fatto tutte queste regolette che ti impongono di non avere cibo se non mostri segni di attività o produzione di qualche tipo? No, voglio dire che il dare e avere, per me, è un problema molto divertente. E non sto parlando di soldi; parlo di baratto o anche dello scambio tra madre e figlio. Per esempio, una madre in genere dà e non prende mai nulla da suo figlio se non l'amore. In famiglia c'è più dare che prendere. Ma quando andiamo oltre il concetto di famiglia, troviamo il bisogno dell'equivalenza. Se tu mi dai un fiore, io ti do un fiore. È un equivalente. Perché? Se vuoi dare, dai. Se vuoi prendere, prendi. Ma la società non te lo permette, perché la società si basa su uno scambio chiamato denaro, o baratto. Non so da dove provenga, per quanto riguarda la vita in genere. E non chiedetemi chi farà il pane o altro, perché nell'uomo c'è abbastanza vitalità e non ce la fa a restare senza far niente. A casa mia ci sarebbero pochissimi pigri, perché non sopporterebbero l'idea di restare a non far nulla troppo a lungo. In una società così non ci sarebbe baratto e i nobili sarebbero i netturbini. Sarebbe la forma più alta e nobile di attività. E dato i netturbini lo farebbero per piacere, invece di essere pagati riceverebbero una medaglia come il Duca di Windsor. [ride]

Forse questa tesi somiglia troppo al comunismo, ma non
è così. Io appartengo seriamente, e tanto, a un paese
capitalista.

Ritiene che la scienza si prenda sul serio come l'arte?

La scienza è palesemente un circuito chiuso, e
aggiungendo dell'altro alle premesse poi possiamo
chiamarla scienza. Ma non ne sappiamo abbastanza.
Ogni cinquant'anni si scopre un'altra legge e così avanti
all'infinito. Non so perché dovremmo avere una tale
riverenza per la scienza. È un'occupazione molto bella,
ma niente di più. Non ha alcuna nobiltà, è solo una
forma pratica di attività, per rendere migliore la Coca-
Cola e così via. È sempre funzionale a qualcosa. In altre
parole, non ha l'atteggiamento di gratuità che ha l'arte.

*Ma non è d'accordo sul fatto che scienza e tecnologia
costituiscono la forza più potente del nostro tempo e hanno
fatto più di qualunque altra cosa per cambiare la vita?*

Sì, naturalmente. Questo nostro secolo è del tutto
scientifico e...

*E in questo senso, possiamo dire che la scienza, come quello
che dice a proposito dell'arte, è una droga a cui ci si abitua?*

Beh, potrebbe.

[squilla il telefono]

Un attimo.

[pausa]

Mi chiedevo solo se lei sarebbe incline a pensare alla scienza anche come a un farmaco che crea abitudine.

Beh sì, decisamente. Soprattutto ora, che si è diffusa tanto da diventare davvero una religione. E qui entriamo in un circolo vizioso perché noi non...

[squilla il telefono]

Eccone un'altra. Solo un secondo.

[pausa]

Vorrei chiederle se è stato influenzato da Alfred Jarry e dalla sua scienza della 'patafisica'?

Oh, sì, certo. È evidente che Rabelais e Jarry sono i miei miti. Per me sono stati un esempio di ciò che poteva essere poco serio pur esprimendo cose che non erano proprio la forma più bassa di arguzia. Allo stesso tempo provavo una grande ammirazione per Raymond Roussel, che per me è stato l'unico uomo degli ultimi trent'anni della letteratura a partire assolutamente da una tabula rasa. Anche i surrealisti con la loro scrittura portano

avanti il lavoro di Mallarmé, di Rimbaud. Non erano del
tutto privi di influenze. Invece Roussel ha una grande
libertà, non ho potuto rilevare alcun influsso. Fa molti
giochi di parole e questi sono considerati molto bassi,
ovunque, sia in inglese che in francese. Lui usava dei
giochi di parole modesti, non di grande livello. Tutto
il secolo XIX ha privilegiato i miserabili, sotto ogni
aspetto. Il Settecento era stato così raffinato, quindi la
reazione è andata in senso inverso, e continua ancora,
molto forte.

Quando è diventato "patafisico"?

Sono stato con loro, per così dire, dal 1942, 1943. Mi
hanno anche dato un titolo. Danno titoli a chiunque.

E qual è il suo?

Sono un satrapo. È una sorta di nome romano per
soldato, o qualcosa del genere. Non lo so.

Credo fosse il governatore di una provincia.

Magari era greco, non so. Comunque, usavano una
terminologia antiquata della civiltà greca o romana.
Voglio dire, alla fine sono solo un gruppo di professori.

*Ma in genere il tono è ironico e divertente. Non è del
tutto serio.*

No, certo che non lo è, ma, allo stesso tempo, è molto
critico. Per altri versi è molto critico. Criticano sistemi di
pensiero vaghi ed elaborati.

*La sua idea della quarta dimensione secondo la quale ogni
oggetto che proietta un'ombra può essere esso stesso l'ombra
di un altro oggetto, è un' idea patafisica?*

No, no, non credo proprio. Tutto queste discussioni sulla
quarta dimensione cominciarono intorno al 1900, forse
anche prima. Ma sono arrivate alle orecchie degli artisti
intorno al 1910. Quello che capivo a quel tempo è che le
tre dimensioni possono essere solo l'inizio di una quarta,
quinta e sesta dimensione, se si sa come arrivarci.
Ma quando ho pensato a come la quarta dimensione
fosse intesa come tempo, allora ho cominciato a pensare
che non sono affatto d'accordo. Sostenere che il tempo
sia la quarta dimensione è un modo di ragionare
semplicistico, così avremmo tre dimensioni spaziali e una
del tempo. Ma in una dimensione, una linea, c'è anche
il tempo. Credo che neanche Einstein la definisca quarta
dimensione. La chiama una quarta coordinata. Quindi
la mia obiezione è che la quarta dimensione non sia
quella temporale. Ciò significa che possiamo stabilire che
anche gli oggetti hanno quattro dimensioni. Ma in che
senso? Con i nostri occhi vediamo solo due dimensioni.
Con il senso del tatto ne abbiamo tre. Così, ho pensato

che l'unico senso che abbiamo che ci avrebbe aiutato ad avere una nozione fisica dell'oggetto quadridimensionale poteva essere il tatto. Perché capire qualcosa in quattro dimensioni, concettualmente parlando, equivarrebbe a vedere attorno all'oggetto senza la necessità di muoversi: sentire intorno ad esso. Per esempio, ho notato che quando tengo in mano un coltello, un coltellino, ho contemporaneamente una sensazione da tutti i lati. E questo è quanto di più vicino a una sensazione di quarta dimensione. Naturalmente da lì sono passato all'atto fisico dell'amore, che è anche un sentire da tutte le parti, sia da parte della donna che dell'uomo. Entrambi provano sentimenti di quarta dimensione. Ecco perché l'amore è stato così rispettato! Comunque, è solo un'idea divertente che non va provata o catalogata.

Il suo metodo è stato un'invenzione continua, potremmo considerarlo un metodo scientifico.

Più che altro è l'idea che qualsiasi cosa mi venga in mente dovrebbe avere un aspetto da quarta dimensione, in modo che si possa arrivare a vedere qualche altro aspetto che potrebbe anche essere contrario a qualsiasi importanza abbia o abbia come progetto. Io cercherei di vederlo con un'altra serie di sensi, hmm? E così è stato per tutta la mia vita. Per questo dico che l'arte non mi interessa molto, è solo un'occupazione, ma non è tutta la mia vita, tutt'altro.

La sua vita è stata riempita tanto dall'arte, però lei non sembra credere così tanto nell'arte.

Io non credo nell'arte. Credo nell'artista.

Dispositivo Duchamp

Marco Senaldi

I. Un esperimento col Tempo

Se c'è una cosa che non può lasciare indifferente il lettore, anche non specialista, di queste interviste a Duchamp, è il loro strano sfasamento temporale.

Il libro è comparso negli USA nel 2013, a una distanza veramente grande dall'epoca in cui le interviste furono realizzate, nel 1964, e molti anni dopo la scomparsa dell'artista, avvenuta nel 1968. In tutti questi anni Calvin Tomkins, questo prolifico e poligrafo critico del *New Yorker*, nonché sincero *aficionado* di Duchamp, aveva già dedicato a Marcel ben tre libri, scritti meravigliosamente e di grande interesse anche storico, cioè *The Bride and the Bachelors* del '65, *The World of Marcel Duchamp*, del '66, e – trent'anni dopo – *Duchamp. A Biography*, del 1996.

Come se il tempo non contasse nulla, Tomkins ha quindi custodito questi dialoghi duchampiani per lunghi decenni, durante i quali il mondo dell'arte intanto cambiava completamente, finendo così per allungare l'ombra di quel maestro sulle ricerche artistiche successive, ma anche rischiando, in pieno XXI secolo, di farlo sembrare un pezzo d'antiquariato.

Quali che siano stati i motivi per cui Tomkins ha atteso tanto, questo "ritardo" resta un fatto enigmatico, soprattutto se si pensa che il libro di interviste di riferimento, le celebri *Entretiens* con Pierre Cabanne, realizzate nel 1966, erano apparse in pubblico l'anno dopo, quando ancora Duchamp era vivente, contribuendo a corroborarne la leggenda. Ma che questa visione dilatata, e persino controintuitiva, del tempo, sia a sua volta una caratteristica (e forse tra le più rilevanti) della "strategia" estetica di Duchamp stesso, non c'è dubbio.

L'amico di sempre Henri-Pierre Roché una volta ha detto che l'opera d'arte più bella di Duchamp era stata "il suo uso del tempo"[1]. Ma occorre aggiungere che il tempo, nelle mani di Duchamp, costituiva qualcosa di davvero diverso da una dimensione lineare, come è per la maggior parte delle persone. E questo suo approccio aveva effetti talvolta esilaranti.

Nello scambio di battute introduttivo al libro, Tomkins ricorda a Paul Chan che quando, nel 1965, si trovò di fronte alla redazione della Time-Life Library of Art per decidere la realizzazione della monografia su Duchamp (la prima negli Stati Uniti), e disse che per le foto avrebbe chiesto direttamente all'artista, sentì calare un silenzio tombale perché tutti erano convinti che Duchamp fosse già morto da tempo. Duchamp quindi ha vissuto lunghi anni come "sopravvissuto a se stesso", concetto che del resto ribadisce più volte, anche a Cabanne quando, in occasione della retrospettiva del '65 alla Tate Gallery di Londra, dice che gli era sembrato di rivedere la "sequenza cronologica" delle opere di un'artista già scomparso, "solo che io sono ancora qui vivo e vegeto!"[2]. Duchamp stesso sembra quasi anticipare (o forse esigere?) il "ritardo" mantenuto da Tomkins, quando afferma che "il pericolo è piacere al pubblico immediato… Anziché questo, *si dovrebbero aspettare cinquant'anni* o cento anni per il proprio vero pubblico. Questo è l'unico pubblico che mi interessa"[3].

Il tempo per Duchamp è dunque sempre stato al centro di una tattica articolata, che va al di là della mera speculazione filosofica e anche dell'immediata pratica artistica, per diventare una sorta di "esperimento esistenziale".

Egli aveva lavorato sul e col tempo sin da quando aveva deciso di usare la sua manifestazione concreta, la polvere, come un "colore" dei *tamis* (*coni*) del *Grande vetro*, letteralmente "imprigionando" tra due lastre di vetro la polvere depositatasi nel corso di tre mesi[4]. Il *Grande vetro* stesso, del resto, è stato sovente paragonato a una "macchina del tempo": capace sì di arrestare il tempo passato, ma anche di anticipare quello futuro. In effetti, dopo essere stato esposto dalla Societé Anonyme Exhibition al Brooklyn Museum di New York, nel 1926, il Vetro si era gravemente danneggiato durante il viaggio di ritorno nel 1927[5]; e Duchamp, per ripararlo, dovette tornare presso l'allora proprietaria, Katherine Dreier, nel suo resort "The Heaven", a West Redding, in Connecticut, per un lavoro di restauro durato due mesi durante l'estate del 1936[6]. Fu in quell'occasione che Duchamp scrisse alla Dreier la famosa frase per cui il lavoro di assemblaggio dei frammenti di vetro era stato "[…] una magnifica vacanza […] nel tempo passato invece che in una nuova località"[7]. Ma, se è possibile "muoversi" nel tempo passato, ciò significa che possiamo farlo a partire dal nostro presente, cioè il futuro che quel passato già implicava. "Tutte [le] frazioni [di tempo] passate e future coesistono quindi in [...] una specie di presente a molteplici dimensioni"[8], aveva scritto Duchamp, lasciando intendere che passato e futuro possono essere interpretati come degli allungamenti che virtualmente sono compresenti, accessibili, e visitabili come diverse "località" di un medesimo territorio.

Certo, si potrebbe pensare che si trattasse solo di innocenti giochi letterari, interni allo spirito dell'avanguardia e alle sue provocazioni. Ma alle intenzioni Duchamp faceva seguire delle autentiche "sperimentazioni", del genere che poteva reperire negli scritti di John W. Dunne, e in particolare *An Experiment with Time*, del 1927, in cui questo ingegnere-filosofo cercava di dimostrare come fosse possibile muoversi nel tempo, semplicemente invertendo l'ordine di azioni comuni, come la lettura[9]. In questo senso occorre interpretare il fatto che la sua ultima opera *Étant donnés: 1. La chute d'eau, 2. Le gaz d'éclairage*, avviata nel 1946, fosse stata concepita appositamente come "postuma", e fu effettivamente esposta solo dopo la morte dell'autore nel 1968. Attendere la propria morte per rendere pubblica un'opera è un po' come capovolgere l'ordine espressivo, la linea ideazione-realizzazione-esposizione, dato che l'ultimo termine, l'effetto collettivo causato dall'opera, è presupposto fin dall'inizio. La "posterità", dunque il pubblico del futuro, è *incluso* da una mossa attuata in un presente che non diventa mai passato, e si dilata in una dimensione temporale elastica, dove le cose non vanno e vengono casualmente sulla ribalta degli eventi ma, se strategicamente guidate, costruiscono un "presente a estensioni multiple".

II. Il sorriso di Monna Lisa

Certamente, fra queste "estensioni multiple" vanno collocate le interviste di Duchamp. Anche se a un osservatore superficiale potrebbe sembrare che Duchamp ripeta a intervistatori diversi più o meno sempre gli stessi aneddoti, la storia dei readymade, la vicenda del *Nudo che scende le scale*, lo scandalo di *Fountain*, e così via, forse si dovrebbe essere assai più cauti nel pensare di aver partita facile contro un valente giocatore di scacchi quale questo imprevedibile artista. Non dovrebbe sfuggire, ad esempio, che i dialoghi destinati alla pubblicazione sono solo uno dei generi di interviste che Duchamp concesse lungo un arco di molti anni, a cui vanno aggiunte quelle per i giornali, per la radio, e soprattutto le lunghe e spesso elaborate interviste televisive[10]. Quello che emerge, esaminando attentamente le interviste di Duchamp, è che, ogni volta, egli rivela non solo un qualche aspetto inedito o poco considerato del suo modo di fare arte, ma soprattutto che "fa arte" proprio nel momento in cui performa l'intervista. Questo è particolarmente evidente nelle interviste filmate o televisive, come in *Rebel Ready Made*, concessa a Tristram Powell nel 1966, in cui è ripreso accanto alla *Ruota di bicicletta* in movimento, mostrandone implicitamente il significato; oppure, durante le riprese del documentario tv *Jeu d'échecs avec Marcel Duchamp*, del 1964, in cui mette in evidenza il sistema di "cellule fotoelettriche" che governava l'esposizione delle proprie opere al Pasadena Museum, nella retrospettiva del 1963; per non parlare dell'intervista per la ORTF a cura di Philippe Collin, 1967, in cui si fa riprendere con alle spalle una "scenografia" fotografica che "evoca" il suo studio parigino di Rue Larrey 11. Quest'ultima intervista è del resto un caso esemplare di come Duchamp abbia saputo giocare con la capacità percettiva della "posterità" – dato che fino ai giorni nostri (cioè per mezzo secolo, di nuovo, dal 1967 al 2017!) nessuno si era reso conto che si trattava di un gigantesco trompe-l'oeil, cioè di un'autentica "operazione" messa in atto dall'artista sfruttando il medium televisivo[11].

Ma qualcosa di molto simile si può dire anche per le interviste radiofoniche e persino per quelle pensate per l'editoria. È noto infatti l'interesse di Duchamp verso il linguaggio, inteso però non come un veicolo di significazione, ma piuttosto come materiale fonetico, al pari del suono. Nelle interviste radiofoniche, ad esempio quelle con Charbonnier, è del tutto significativo che, durante quella che sembra poco più che una chiacchierata, Duchamp si soffermi sul valore del "silenzio" come una sorta di "readymade", un'idea del tutto nuova, che non solo fa capire quanto alla sua vicinanza debba l'arte di John Cage (che appunto fece del "silenzio" un pezzo musicale, nel 1952), ma anche come Duchamp tocchi quel tema proprio nel contesto di un medium "orale", quale la radio.

Quanto agli interventi scritti, il minimo che si può dire è che Duchamp non perdesse occasione per sfruttare qualunque pubblicazione per esercitarsi in questa "stratificazione multipla" del tempo. In un booklet edito per la presentazione del film a episodi *Dreams That Money Can Buy*, 1947, di Hans Richter, per il quale Duchamp aveva ricreato dal vivo il *Nudo che scende le scale*, fu probabilmente lui a suddividere le pagine a metà facendo combaciare metà viso di Richter (regista di tutto il film) con le metà dei volti degli artisti che avevano collaborato per i vari episodi. Più tardi, nella monografia di Robert Lebel, invece, aveva pubblicato le due versioni del *Nudo* non una *accanto* all'altra, ma inserendo la riproduzione a colori della prima in forma separata, di modo che sollevandone un lembo comparisse la seconda*.

Là dove non si potevano esercitare questi stratagemmi in forma grafica, restava sempre il *détournement* concettuale. Nei *Dialoghi* con Cabanne, Duchamp si lascia andare a ripercorrere minuziosamente il suo passato, ma non manca di creare dei sottili fraintendimenti, come quando finge di confondere l'autore del celebre *Voyage au Pays de la quatrième dimension*, Gaston de Pawlowski, con il gallerista ed editore parigino Jacques Povolozky[12]; o quando gioca sulla "scarsa memoria delle persone" e a Cabanne, che gli osserva che la sua è formidabile (in effetti gran parte dei dialoghi sono relativi a fatti, opere, e persone di circa mezzo secolo prima, cioè gli anni Dieci del 900) si schermisce dicendo che "in generale, la memoria del passato remoto è molto esatta", inserendo un'altra stratificazione fra il presente (il 1966 l'anno dell'intervista) e il passato che, come per un gioco di specchi, sembra più vivido dell'oggi[13].

Si sarebbe tentati di dire che le dimensioni temporali preferite da Duchamp siano il passato e il futuro, intese in senso bergsoniano (ma con più ironia) come due serie della stessa massa cronologica che si co-implicano a vicenda: il passato che si esplicita nel futuro (la serie "posterità"), e il futuro che era implicito in quel passato (la serie Cabanne).

* Robert Lebel, *Sur Marcel Duchamp*, Trianon, Paris-London 1959, riedizione in copia anastatica MAMCO, Genève 2015, Les presses du réel, Dijon

Ma nelle interviste con Tomkins, che non a caso si svolgono nella New York degli anni Sessanta, cioè nel pieno dell'affermarsi delle neoavanguardie, il gioco cambia radicalmente. Fin da subito l'intervistatore chiede a Duchamp quale sia il suo contributo alla situazione attuale, cioè invita l'artista a definire la sua influenza nel campo di un tempo – il presente – che finora aveva schivato. Le risposte di Duchamp costituiscono una rielaborazione indirizzata non ad evitare di confrontarsi con il presente, ma piuttosto tesa ad evidenziare come il presente – se inteso come "momento" separato, istantaneo, astratto – ci fornisca una prospettiva distorta, che dovremmo correggere, come un difetto visivo, o un'illusione ottica. Non a caso, per rettificare questa concezione miope dell'attualità, Duchamp torna a più riprese sul tema del "mezzo secolo": dopo cinquant'anni un quadro "muore" e finisce nel purgatorio della storia dell'arte (cioè, perde valore); dopo cinquant'anni, arriva una nuova generazione di artisti che si chiede che cosa significava una certa opera; dopo cinque decadi persino cose dal successo irresistibile come la Coca-cola, se nessuno ne parlasse più, sparirebbero; cinquanta sono gli anni che separano dadaismo e surrealismo dal boom dell'arte newyorkese (e Duchamp cita la Pop art e fa i nomi di Rauschenberg, di Johns); e persino la scienza ogni mezzo secolo si rinnova. Il "mezzo secolo" gli sembra la giusta "stoffa" del presente perché contempera insieme il limite della maturità nella vita di un uomo (la mezza età) senza oltrepassarne radicalmente l'esistenza come invece nel caso di uno o più secoli[14]. Cinquant'anni sono la misura ideale per verificare quindi se un'arte, e un'artista, siano validi ancor oggi (nel presente) o fossero solo un bluff (come Duchamp lascia intendere sia una merce come la Coca-cola)[15]; sono il tempo giusto per una riflessione, e anche per un recupero di quegli artisti finiti "underground", cioè divenuti invisibili, a cui Duchamp aveva già fatto riferimento in una conferenza all'inizio degli anni Sessanta[16].

Duchamp qui sposta acutamente il senso *retrospettivo* della memoria – che begsonianamente serpeggia nei dialoghi con Cabanne – verso il senso *prospettico* di ciò che ci sembra "attuale". A questo proposito, in un passaggio che certamente deve essere letto con estrema cautela, Duchamp istituisce un paragone che lascia perplessi. Elaborando la propria idea, più volte ribadita, per cui "sono gli spettatori che fanno i quadri [sont les regardeurs qui font les tableaux]"[17], Duchamp si spinge a sostenere che lo sguardo degli spettatori non solo "crea", o, perlomeno, dà vita, alle opere d'arte, ma potenzialmente può anche arrivare a "distruggerle".

La povera *Monna Lisa* se n'è andata perché, per quanto meraviglioso sia il suo sorriso, è stato visto così tanto che è scomparso. Credo che quando un milione di persone guardano un dipinto, cambiano la cosa solamente con lo sguardo. *Fisicamente*. Capisce quello che intendo? Cambiano l'immagine materiale senza saperlo. C'è un'azione, trascendentale, ovviamente, che distrugge assolutamente qualsiasi cosa tu possa vedere quando era viva[18].

Che cosa intende esattamente Duchamp con quel "fisicamente"? In che modo gli spettatori "logorano", con i loro milioni di sguardi, l'immagine su cui si posano, se non la toccano nemmeno? Alla precisa domanda di Tomkins che gli chiede in che senso essi possano mai "deteriorare" un'opera, Duchamp ribadisce:

> Mi spingo anche oltre e dirò che esiste un'azione fisica degli osservatori. Lo spettatore è parte della realizzazione del dipinto, ma esercita anche un'influenza diabolica anche solo guardando. La stessa cosa con il mio dannato *Nudo*, come vede: da un dipinto scandaloso è diventato un dipinto noioso, proprio perché è stato visto così tanto[19].

La "diabolica" influenza dello sguardo sulla cosa guardata sembra offrire una nuova prospettiva al concetto, tanto familiare per chi si occupa di Duchamp, della "collaborazione creativa" fra autore e spettatore. Infatti, gli spettatori esercitano anche un'influenza *negativa* sull'opera, al punto tale da renderla quasi "invisibile", da "ucciderla", da distorcerne la natura "scandalosa" (come il *Nu*), cioè suscitatrice di interesse e di attenzione, in "boring", noiosa, addirittura arrivando a cancellarla, come il sorriso "svanito" de *La Gioconda*.

Il senso dell'idea di Duchamp si chiarisce proprio in relazione alle condizioni di esposizione dell'opera stessa. Se la condizione del vedere è la luce, essa è anche condizione dell'esposizione di un'opera allo sguardo. D'altra parte, se un'opera non fosse esposta, non esisterebbe:

Senza [l'interazione con l'osservatore], il dipinto sparirebbe in soffitta. Allora non ci sarebbe più alcuna esistenza effettiva dell'opera d'arte[20].

La "luce" a cui Duchamp pensa è dunque qualcosa di molto concreto, sia in senso tecnico, come "gas" d'illuminazione, o "scintilla" elettrica, sia in senso "culturale", come vero e proprio *medium* che non è neutrale e influenza gli enti che sono immersi in esso. Si tratta di preoccupazioni che erano ben presenti nelle ricerche di estetica fisiologica del tardo Ottocento, ma Duchamp impone a queste intuizioni una svolta profonda[21]. Sembra quasi di risentire qui le pagine di apertura della "Introduzione" alla *Fenomenologia dello spirito*, in cui Hegel traccia le forme del rapporto "spettatoriale" tra la conoscenza e la Cosa-in-sé attraverso la metafora del *Mittel*, un "*medium* passivo attraverso il quale la luce della verità giungerebbe fino a noi", medium che comunque non ci permette di ottenere "quella luce come è in sé, bensì come essa è in e attraverso quel *medium*"[22]. Proprio come Hegel, anche Duchamp è ben consapevole che il medium luminoso non è solo uno "strumento" indispensabile per poter vedere e "conoscere" le opere, ma, rendendone possibile l'osservazione, insieme ne altera le qualità essenziali[23].

Non essendo neutrale, il medium luminoso interferisce con tutto ciò sopra cui si posa, o che viene "esposto" ad esso. *Esposizione*, un termine che insieme a "posa" e "riposo" compare numerose volte nelle Note della *Scatola Verde*[24], non designa più solo una situazione eccezionale dell'immagine, limitata alla pratica fotografica, ma, al contrario, la normale condizione che, dopo la nascita della fotografia, inerisce a qualunque oggetto sia toccato da una sorgente luminosa ed entri nell'orizzonte del visibile[25]. Non sembra dunque esserci scampo nella dialettica tra ciò che, per preservarsi nella sua integrità, è destinato a rimanere all'oscuro, invisibile (e dunque, al limite, inesistente) e ciò che, divenendo visibile, inizia ad esistere, ma viene irrimediabilmente alterato, finendo per sbiadire e cadere in un'altra forma, uguale e contraria, di invisibilità.

III. Fare arte dialogando

Se qualcuno si aspetta che in questi dialoghi Duchamp ripeta per l'ennesima volta le sue tesi sul readymade, su Man Ray, o sul cubismo, forse farebbe bene a armarsi di attenzione e a non minimizzare la *strategia postuma* di Duchamp.

L'osservazione che abbiamo riportato sopra, infatti, coniuga in un solo esempio tematiche assai diverse: innanzitutto, una filosofia dell'arte contemporanea, in quanto riflessione sulle caratteristiche della fruizione spettatoriale; poi, una teoria del dispositivo espositivo, in quanto apparato di "mostrazione" irriflessa, immediata, non-dialettica – e infine una riflessione "pratica" sul tempo. Erano tutti temi che del resto Duchamp aveva affrontato molte volte nella sua carriera con le sue opere e sperimentazioni: ad esempio, quando nell'accrochage dell'*Exposition internationale du Surréalisme* del 1938, aveva esposto le opere al buio, costringendo i visitatori a farsi luce con una torcia elettrica[26]; oppure, quando aveva definito l'autentica fruizione riflessiva dell'arte come una "eco estetica"[27]; o quando aveva ribadito il valore di "test", ossia di reagente estetico, dei readymade[28].

Duchamp quindi, aveva indicato delle soluzioni del tutto innovative alla pratica di produrre, esporre e fruire l'arte, e quella che solleva a proposito del sorriso smarrito de *La Gioconda* non è certo una protesta episodica e di retroguardia. Ma per trovare una via d'uscita all'impasse tra i "milioni di sguardi" che distruggono l'arte, e il rischio che l'opera resti letteralmente "inosservata", occorre una "svolta" nel concetto stesso di arte. È qui che Duchamp collega il tema della produzione e fruizione dell'arte a quello del tempo, da cui abbiamo preso le mosse. L'opera d'arte non è una cosa, né una merce, nemmeno un oggetto – è un rapporto che si gioca su una dimensione temporale curva, polimorfa e distribuita meno in una serie di immagini che nella memoria di esse. Potremmo definire questa disseminazione col termine di *infrasottile* (*inframince*), che non vuol dire piccolo, minore, trascurabile, ecc., ma piuttosto qualcosa che sussiste tra visibile e invisibile, come ad esempio la trasparenza, il riflesso, il mediato, il *trompe-l'oeil*, o persino il *ricordo* di queste cose, la loro evocazione, fotografica, televisiva, o anche solo discorsiva. Il sorriso "fisico" sul dipinto leonardesco è diventato davvero difficile da osservare, anzi, paradossalmente, sparisce sotto i nostri occhi man mano che lo ricerchiamo attivamente, così come il carattere "scandaloso" del *Nudo che scende le scale*, oggi diventato un quadro buono per uno studio filologico.

Ma queste sparizioni dimostrano come quei fenomeni non appartenessero alla "materialità" pittorica, ma alla percezione di essa, e che noi possiamo sempre ritrovarli nell'"impronta mnemonica" che l'immagine ha lasciato in noi[29].

Il valore dell'evocazione discorsiva tramite il dialogo o l'intervista perciò costituisce un preciso espediente, una vera e propria tecnica per continuare non solo a parlare di arte, ma a *fare* arte nel presente, a *ricordarla* nel passato e a *immaginarla* nel futuro. In questo risiede la forza incredibile di quello che Pablo Echauren ha definito come il "dispositivo Duchamp"[30], cioè la sua capacità di continuare a far succedere cose e di tenere aperta la partita, anche al di là della sua specifica parabola artistica e umana.

Un esempio? Tanti anni fa, ricordo che un giovane e squattrinato artista venne a trovarmi in quello che allora era il mio luogo di lavoro, la redazione di *Flash Art*, per propormi di sostenere la sua *Fondazione Oblomov*, una specie di istituto per mantenere un artista per un anno, a patto che non realizzasse alcuna opera d'arte. Come non vederci una relazione con l'*Hospice des paresseux*, la "Casa di riposo per oziosi" che Duchamp propone scherzosamente a Tomkins? Quell'artista di chiamava Maurizio Cattelan, ed evidentemente il suo gioco si colloca ancora sulla scacchiera disegnata da Duchamp… più di cinquant'anni prima.

1. H-P. Roché, *Vie de Marcel Duchamp*, in "La Parisienne", gennaio 1955; ora in è *Ecrits sur l'art*, André Dimanche, Paris 1998, p. 248.

2. P. Cabanne, *Entretiens avec Marcel Duchamp, Editions Pierre Belfond, Paris 1967; nouv. éd*. Alia, Paris, 2009, p. 119.

3. M. Duchamp, "Regions Which Are Not Ruled by Time or Space." In *The Writings of Marcel Duchamp*. Edited by Michael Sanouillet and Elmer Peterson. New York: Da Capo Press, 1973, p. 133, sott. mia.

4. M. Sanouillet, (dir.), *Marcel Duchamp. Duchamp du signe*, Paris, Flammarion, 1975, p. 78 (DDS). Si tratta di una celebre Nota della *Scatola Verde*.

5. Come ricorda proprio C. Tomkins, *Duchamp. A Biography*, Chatto & Windus, London 1997, p. 288.

6. Ne parla Duchamp stesso in queste *Interviste del pomeriggio*, p. 72.

7. *Effemeridi*, 4 settembre 1936; lettera di Duchamp a Katherine Dreier; YCAL. MSS, 101, Box 12, Folder 321. Katherine S. Dreier Papers/Socieé Anonyme Archive, Yale Collection of American Literature, Beinecke Rare Book and Manuscript Library.

8. M. Duchamp, *Notes*, éd. P. Matisse, Flammarion, Paris 1998, *Note* 135, p. 84.

9. J.W. Dunne, *An Experiment with Time*, [1927], A & C Black, London 1929; un testo esplicitamente ricordato in una nota di DDS, p. 141.

10. La prima, pionieristica, e quella concessa a J.J. Sweeney per la NBC, nel 1955. Per un elenco – ovviamente più che "bibliografico", e senza considerare qui quelle concesse alla stampa spicciola in USA negli anni '20-'30 - rimando al mio *Duchamp. La scienza dell'arte*, Meltemi, Milano 2019.

11. Come mi è stato personalmente confermato dallo stesso
Philippe Collin; rimando per un'analisi di questa "video-opera"
di Duchamp alla Parte 3 del mio *Duchamp. La scienza dell'arte*,
cit., pp. 576 sgg.

12. Una confusione impossibile per Duchamp, dato che il primo
era il ben noto autore di uno dei libri più letti sulla quarta
dimensione, e il secondo l'editore di molti libri sul cubismo
e il futurismo, altrettanto famosi nei circoli dell'avanguardia
parigina.

13. Per la verità, anche nei dialoghi con Cabanne, sollecitato,
Duchamp si lascia andare a qualche giudizio sull'arte
contemporanea, per esempio non nascondendo il suo
scetticismo sul futuro della Op-art. La dinamica però va dal
presente verso il passato; mentre nei dialoghi con Tomkins
sembra rovesciarsi: il passato riaffiora solo nella misura in cui
spiega l'oggi.

14. Come suggerisce Platone, si può aspirare a diventare filosofi
solo "dopo i cinquant'anni" (*Resp.*, Libro VII) 540a.

15. Si potrebbe per inciso notare qui che la Coca-cola,
benché sia nata nel lontano 1886, era all'inizio un prodotto
poco più che artigianale che si è trasformato in "merce" solo
negli anni '20 quando l'azienda fu quotata in borsa; quindi
all'epoca dell'intervista esisteva da circa quarant'anni. Oggi,
cinquant'anni dopo la società dei consumi degli anni del boom,
siamo finalmente in grado di capire che questa *ipermerce* non
fa che incarnare un simulacro immaginario per "proteggerci"
dal "reale", secondo Slavoj Žižek; almeno, così pare, stando
agli ultimi report dell'azienda, che solo in Italia ha perso nel
decennio 2010-19 il 25% del fatturato. E, se nessuno ne parlasse,
forse cesserebbe semplicemente di esistere?

16. Neyens J., "Will Go Underground", intervista tv a Marcel
Duchamp, RTBF, 1965; trascritta in "tout-fait. The Marcel
Duchamp Studies online Journal", vol. 2, n. 4, 2000, online
toutfait.com.

17. DDS, p. 247. A Tomkins parla di "onlooker"; cfr. qui p. ….

18. Tomkins, *Dialoghi*, p. 60. Sott mia.

19. Ibid, p. 61. Sott. mia.

20. Ivi, p. 31. L'idea era già stata espressa in termini assai simili da Charles Lalo nel suo "Programme d'une Esthétique sociologique", *Revue philosophique de la France et de l'étranger*, 1914/07-1914/12, pp. 40-51.

21. Sulla luce come *medium* nell'arte delle avanguardie cfr. Linda Henderson, "Vibratory Modernism : Boccioni, Kupka, and the Ether of Space", in Bruce Clark, ed., *From Energy to Information*, Stanford, CA, Stanford Univ. Press, 2002, pp. 126-150; ma qui occorre ricordare soprattutto l'influenza di libri come P. Souriau, *Esthétique de la lumière*, Hachette, Paris 1913.

22. G.W.F. Hegel, *Fenomenologia dello spirito*, [1807], trad. V. Cicero, Rusconi, Milano, 1993, p. 147.

23. Il riferimento a Hegel non è casuale: fra le diverse teorie del "medium", la riflessione hegeliana resta originale in quanto pienamente dialettica. Il "medium" non è riducibile né a un elemento fisico, né a un mezzo intersoggettivo. Nel momento in cui esiste esso permette di vedere ma anche si dà a vedere, deformando il campo stesso del visibile. Cfr. Stefan Hoffmann, *Geschichte des Medienbegriffs*, Hamburg, 2002. Anche se la traduzione francese della *Phénoménologie* apparve solo nel 1939 (*La phénoménologie de l'esprit*. 2 vols. trad. Jean Hyppolite, Paris, Aubier- Montaigne, 1939-1941) Hegel (e i filosofi hegeliani, come Benedetto Croce) sono citati numerose volte dai surrealisti e da André Breton, e "il potere assoluto della contraddizione" è fieramente affermato dai surrealisti e ribadito da Duchamp, che nell'intervista con Philippe Collin del 1967 dice : "La nozione di contraddizione è assai piacevole, e non è stata ancora pienamente sfruttata". Cfr. anche Bruce Baugh, *French Hegel. From Surrealism to Postmodernism*, London New York, Routledge, 2003, p. 56 sgg.

24. DDS, p. 43.

25. In proposito John Cage osserverà che "dopo Duchamp, qualunque oggetto è un ready-made" ossia è "exposé" come opera d'arte; "Therefore, everything seen— every object that is, plus the process of looking at it — is a Duchamp": John Cage, "26 Statements on Marcel Duchamp", *Art and Literature*, 3, fall-winter 1964 ; ora in John Cage, *A Year From Monday*, Middletown, Wesleyan University Press, 1967, pp. 70-72.

26. Cfr. L. Kachur, *Displaying the Marvellous. Marcel Duchamp, Salvador Dalì and Surrealist Exhibition Installations*, MIT Press, Cambridge-London 2001.

27. Il concetto di "esthetic echo" viene esposto da Duchamp negli incontri della *Western Round Table on Modern Art*, San Francisco Art Association, San Francisco 1949, i cui *Transcript* sono tuttora assai trascurati dalla critica duchampiana.

28. *Eye-Test* si intitolava già un lavoro del 1916; definisce *Fountain* come "autentico test" nel documentario tv di Drot, *Jeu d'échecs avec Marcel Duchamp*, RTF, 1964-71.

29. "Empreinte en mémoire" è una Note che Duchamp si appunta nella *Scatola Verde*, DDS, p. 47.

30. P. Echaurren, *Duchamp politique*, Postmedia Books, Milano 2019.

Marcel Duchamp
Le interviste pomeridiane
di Calvin Tomkins

Postmedia Books 2020
110 pp.
isbn 9788874902682

Finito di stampare nel mese di giugno 2020
presso *Sartoria editoriale*, Milano

Postmedia Srl
Milano
www.postmediabooks.it

www.ingramcontent.com/pod-product-compliance
Lightning Source LLC
LaVergne TN
LVHW011033200726
843509LV00011B/1261